COMPTES

DE LA

FABRIQUE DE L'ÉGLISE SAINTE-MADELEINE

DE TROYES.

COMPTES

DE LA FABRIQUE DE L'ÉGLISE

SAINTE-MADELEINE DE TROYES,

SUIVIS

DE L'HISTOIRE DE LA CONSTRUCTION DU JUBÉ,

ET

DE PLUSIEURS PIÈCES CURIEUSES

Conservées aux Archives de l'Aube.

TROYES.

BOUQUOT, LIBRAIRE-ÉDITEUR, RUE NOTRE-DAME, 86.

MDCCCLIV.

Tiré à 153 exemplaires numérotés :

145 sur papier vergé,

8 sur papier de couleur.

N°

A LA MÉMOIRE

DE MONSIEUR

ANTOINE - BARNABÉ BLIN,

CURÉ DE L'ÉGLISE SAINTE-MADELEINE

DE TROYES.

Son élève reconnaissant,

ALEXANDRE ASSIER.

AVERTISSEMENT.

Je devais publier la *monographie* de l'église Sainte-Madeleine de Troyes avec celle de l'église Saint-Remi, lorsqu'une révolution vint emporter trois générations de rois et suspendre tous les travaux littéraires. Cet ouvrage, rédigé d'après les pièces et les registres des paroisses conservés aux archives de l'Aube, aurait constaté les généreuses offrandes des fidèles avant 93, et révélé le nom, si longtemps oublié, des artistes qui contribuèrent à la décoration de nos églises. Le lecteur aurait même pu visiter la vieille capitale de la Champagne au xvie siècle, parcourir sans aucune crainte ses rues étroites et tortueuses, lire les enseignes de ses échoppes, admirer ses monuments religieux, et recueillir, chemin faisant, de précieuses notes sur les usages et les mœurs de nos bons aïeux.

Mais le temps où nous vivons n'est point favorable

à la publication de ces documents rassemblés avec tant de patience. Qui voudrait lire deux gros volumes, lorsqu'on a bien de la peine à lire le feuilleton d'un journal? N'est-ce pas, au reste, une espèce de faiblesse d'esprit que de s'occuper de comptes de fabrique dans ce moment? Je connais pourtant tel auteur qui trouverait dans ces comptes la solution de son grand problème. Désirons qu'un temps vienne, et que ce temps soit prochain, où chaque département recueillera franchement ses annales, où chaque habitant ne refusera plus un juste encouragement au consciencieux écrivain qui rassemblera les feuilles éparses de son histoire.

Mais s'il ne m'est pas permis à Troyes de raconter de touchantes histoires, il me reste un devoir à remplir. Je n'avais entrepris la *monographie* de Sainte-Madeleine que pour exprimer ma reconnaissance au saint vieillard qui se montra si longtemps le digne ministre du Dieu des miséricordes. J'ose donc publier ces pièces détachées de mon ouvrage, et les lui dédier. La charité qui vivifia toujours sa belle âme lui fera, du haut des cieux, accepter l'hommage tardif de son élève, et me conciliera l'indulgence du lecteur.

ALEXANDRE ASSIER.

Troyes, 28 Juin 1854.

COMPTES

DE LA

FABRIQUE DE L'ÉGLISE SAINTE-MADELEINE

DE TROYES.

1411-1430.

Recepte faicte par moy Jehan Duboys, commis à la provision de la fabrique de leglise parochiale de la Magdeleine de Troyes, avec Guiot le Pele et Aubert de Hamelet, comme marregliers instituez par les parrochiens d'icelle eglise, le dimenche xxvi° jour de juillet lan mil cccc et onze (1).

Et premierement,

Recepte de deniers du pourchaz faict aux dimenches en la dicte eglise par les femmes qui font le pain benoist.

Le dimenche xxvi° jour de juillet 1411, de la femme Pierre Robinot et sa voisine, v s. v d.
Le dimenche ii° jour daoust, de la femme Pierre Mignot et sa voisine, iv s. i d.

---

(1) *Archives de l'Aube*, Registres 837, 838 et 2,049.

Le dimenche ix° jour daoust, de la femme Guille le Pos-
turat et sa voisine, iv s. ii d.

Le dimenche xvi° jour daoust, de la femme feu Hebert
le bourrelier et sa voisine, ii s. xi d.

Le dimenche xxiii° jour daoust, de la femme Jehan le
Boucherat et sa voisine, iii s. x d.

Le dimenche xxx° jour daoust, de la femme Colinet le
fort et sa voisine, 1412, iii s. viii d.

Le dimenche xiii° jour de feurier, de la femme Aubert
de Hametel et sa voisine, iii s. x d.

Le dimenche xxviii° jour de januier, de la femme Jehan
le Dyablat et sa voisine, 1443, iii s. ix d.

Le dimenche xxix° jour dauril, de la maistresse de les-
cole et sa voisine, xii s. viii d.

Le dimenche xiii° jour de may, de la femme Guiot le
Pele et la paaillonne, xvi s. ii d.

Somme toute : xxxiv l. xvii s. vi d.

*Aultre recepte des deniers des anniversaires fais en la
dicte eglise de la Magdelaigne.*

Et premierement,

De lanniversaire de feu Jehan Belluque fait en la dicte
eglise le premier jour de septembre lan 1411, qui est de
xxx s. a leuvre de la fabrique de la dicte eglise, sur quoy
sont prins ii cierges de cire chacun dune livre au pris de
iii s. ix d. la livre, dont le cure en prant lun des deux
cierges pour son droit et lautre demeure au proffit de la
dicte fabrique, reste pour la fabrique xxvi s. iii d.

Dung annuel fait et chante en la dicte eglise pour feu
Jehan Belluque, auoir livre vestemens, torches et aultres

amenistrastions, receu par Jehan le Vousat comme exe-
cuteur, le v° may 1415, xxx s.

Somme : xiv l. xix s. iv d.

Aultre recepte pour laiz a leuvre de la dicte eglise.

   Et premierement,

Des executeurs de femme feu Poinset de Chablies, xii d.
Des executeurs de feue Sebille jadis femme, xv d.
Des executeurs de feu Martin de Savoye, xxx s.
Des executeurs de feu Milet de Rennay, tixerant, x s.
Des executeurs de Messire Jehan Desfourches, prestre, v s.
Item pour luy avoir baille une viez chasuble de leglise, iii s. iv d.

Somme : vi l. xviii s. ix d.

Aultre recepte des deniers pour la vandue de biens donnez et laissiez a leuvre de la dicte eglise.

   Et premierement,

De la vandue dune coste simple a femme violet laissee a leuure de la dicte eglise par la femme Pierre d'Arrentieres, laquelle a este vandue a la seruante du dict Pierre, xlv s.

De la vandue dune cotte hardie a femme de violet fourez de gris laissee a leuure de la dicte eglise par la femme Guillemin Brice tant pour sa sepulture comme aultres choses a nous baille par Pierre de Loyches et vandue par la main de Aubert de Hamethel, xi l. x s.

Item, la vandue dung viez chaperon a femme laisse a

la dicte euure de la dicte eglise par la femme Huguenin Coureu et vanduc, v s.

De la vandue dung viez chaperon brun a femme laisse a leuure de la dicte eglise par la femme Perrin Darras et vandue a Jehannest de Bar-sur-Aube, vi s. viii d.

De la vandue dune viez houppelande de draps brun laissee a leuure de la dicte eglise par le trespassement de Bernart Guichon et vandue a Pierre Roier, charpentier, xxvii s. vi d.

De la vandue dune viez robe de gris brun fouree de viez pennes laissee a la dicte fabrique par Perrone femme Pierre de Bregelaigne et vandue devant la loyge du prevost, xxx s.

Somme : cii l. xiv s. v d.

Aultre recepte de deniers pour les sepultures et enterremens de plusieurs personnes et enffans mis et sepulturez en la dicte eglise.

Et premierement,

De la sepulture de la femme Pierre dArrentieres, prevost de Troyes, estant mise en la dicte eglise, et pour ung de ses petis enffants, par composition faicte avec ly le xvi° jour de juillet 1411, lx s.

De Messire Felix la Mule, pretre, pour la sepulture de son nieps estant mis en la chapelle Saint-Jaques en la dicte eglise, le x° jour de juillet 1411, v s.

De la sepulture et enterraige de Jehan dAvelly, escuier, qui trespassa chez Pierre de Remully le x° jour daoust 1412, estant mis en la dicte eglise en la chappelle de la Rose et par accort faict par Jehan le Boucherat, vi l.

De la sépulture et enterraige de la grant fille Colinet Mauroy estant mise en la dicte eglise le xxvii° daoust, pour ce, x s.

De la sepulture et enterraige dun petit enffant de Hugaut, drappier, estant mis en la dicte eglise le xiiie de septembre 1444, pour ce, v s.

De la sepulture et enterraige dung petit enffant de Guillaume de Champeaux pour estre mis dans la dicte eglise devant les fonts le xxiiii doctobre 1414, pour ce, v s.

De la sepulture et enterraige de feu Messire Felix la Mule, prebtre, estant mis en la dicte eglise en la chapelle Saincte-Catherine, lequel a laissie a la fabrique de la dicte eglise pour la dicte sepulture le iii daoust 1416, xii l.

Somme : clvi l. v s.

Aultre recepte du proffit des confrairies ordinaires faictes en dicte eglise chascun an.

Et premierement,

De la confrairie Madame *Saincte Anne*, le nombre des cierges dicelle confrairie pour lan 1411 sont xii cierges chascun cierge dun quart de cire a xv d. le cierge vaillent xv s., desquels cierges le cure en prent la moitie pour son droit et pour le dechiet de cire et fasson des dits cierges baille a Guillemin Jueau, viii s. iii d.

Reste au proffit de la dicte eglise, vi s. viii d.

Les bastonniers dicelle confrairie,

La femme de Mechin Chancenel, cordonnier, Anne damoyselle Jehan Sangette, en argent, neant.

De la confrairie de la *Conception* Nostre-Dame.

Le nombre des cierges de la confrairie Nostre-Dame, 1411, est de cxiv cierges a ii s. ii d. le cierge vaillent en somme, xii l. vii s.

Des bastonniers qui ont rendu le baston a icelle confrairie baille, xxvi s. viii d.

Somme de la valeur : xiii l. xiii s. viii d.

Depense faicte sur ce pour le curey, quatre chappellains, trois clercs, au sonneur, pour le menestrel pour assembler la dicte confrairie, pour dix fais destrain a mestre parmi lesglise, a frere Jehan Megret qui fit le sermon le dimenche avant la feste et pour la façon des cierges, xxx s.

Reste au proffit de leuure, ix l. iiii d.

Confrairie de Monsieur *Sainct Mor* pour lan 1411.

Le nombre des cierges de la confrairie S. Mor pour lan 1411 est xlii cierges a xv d. le cierge, vaillent en somme, lii s. vi d.

Reste pour la dicte eglise, xxvii s. viii d.

Aultres receptes faictes au proffit de la dicte eglise.

De la confrairie des orfevres qui se fait en la dicte eglise le jour de feste de S. Eloys pour lan 1416, receu v s.

Des bastonniers, le jour de la Feste-Dieu pour lan 1412, x s.

De la femme Bourceron, ii s. i d.
De Jehan de Fontaignes, xx d.
De la femme Pierre Beroust, ii s. vi d.

Des bastonniers de la confrairie des drappiers faicte en la dicte eglise le jour de la Magdeleine,

Somme toute du proffit des dictes confrairies : lvi l. xviii s. x d.

Aultre recepte des oblations donnees aux reliques aux jours des festes solennelles.

Pour le jour de la feste de la Magdeleine de lan 1414 qui fut au dimenche, tant pour le pain benoist comme au baiser des reliques, a valu a leuure,   xxvi s. x d.

Le dimenche jour de la Penthecouste, xxx^e jour de may 1417, tant pour la queste du pain benoist qui se fist par la femme Jehan Symon et sa vesine, comme pour le baiser des reliques, baille en somme xiii s. vi d., sur quoy a este despendu pour les glaiz (1), xv d., pour ung coulon (2) et les chappeaux,   v s.

Reste au proffit de leglise,   ix s. iii d.

Le jour de Toussains,   xiii s. x d.
Le jour de Noël pour le baiser aux reliques,   xii s. ix d.
Le jour de Pasques,   xxxv s. vii d.
Le jour de la Feste-Dieu,   v s. vi d.

Le jeudy x jour de may 1414 par nous Guiot le Pele et Jehan Duboys fut ouvert et defferme le troncq en la presence de Messire Felix la Mule et Messire Jehan Noirtemps, prebtres, lequel navoit este defferme ne ouvert depuis le xxvi juillet 1411 et y fut trouue, iv l. i s. iii d.

Recepte de rentes et revenus tant de maisons comme dautres heritages a la dicte eglise.

De Henri Herault, charpentier, a cause d'un demi arpent de vigne,   iv s. ii d.

De Jean Renier, a cause dun quart de vigne, ii s. vii d.

---

(1) *Glaiz,* verdure.
(2) *Coulon,* pigeon de colombier.

De Jehannette femme de Perrin le Mulat, a cause dun quart de vigne, ⅡS. ⅠD.

De Jehan Dufour, a cause du loyer de la maison où il demeure, XIII l. X s.

De Thevenin Maillet, à cause de la maison de la Bourserie, IV l.

De Guillaume Compasseur, a cause de sa maison, IV l.

Somme toute de la recepte : CCCCLVIII l. I s. VI d.

Despence faite pour le faict de leglise de la Magdeleine de Troyes.

Le lundi auant la feste de la Magdeleine xx juillet 1411, pour CCCCC de clous barbetez et CCC de clous a latte pris et achetez chiez Jehan Milon, espicier, pour faire tenir les parements a parer la dicte eglise le jour de la feste, pour ce, II s. XI d.

Item a Jacquet Put-Cul pour auoir ballie et nestoye les alees des voultes affin que les parements ne soient gastez, pour II journees pour ce baille a luy, III s. IV d.

Item pour VI saintures de filz despinau (1) a ceindre les prebtres acheteez a Phelippe, mercier, pour ce, II s. VI d.

Item a Messire Estienne Pigney, prebtre, pour avoir rappareille les orgues, les avoir nestoiees, soudees, demonstees et les remontees, XXX s.

Item pour VI faiz destrain (2) a mestre parmi leglise la veille et le jour de la feste de Toussains 1411, pour ce, II s. VI d.

---

(1) *Saintures de filz despinau*, ceintures de fil d'Épinal.

(2) *Estrain*, de *stramen*, paille, herbe, feuillage.

— 17 —

Item pour vi faiz destrain a mestre la veille et le jour
de Noël,   ii s. vi d.

Item pour iii faiz destrain a mestre parmi leglise le jour
de la Chandeleur,   xv d.

Item pour glais a glagier parmi leglise et autour le jour
de la Feste-Dieu, pour ce,   iii s. iv d.

Item le jour de la Feste-Dieu ensemble pour roses tant
pour faire les chappeaulx pour les prestres comme pour
garnir la croix et le bâton dicelle, pour glay a jonchier lesglise,   v s. x d.

Item a Lambinet, cordier, pour ii cordes pour les petites cloches pesant xx l. a vii d. la livre,   xii s. vi d.

Item a Colinet Colerne, masson, pour vi journees auoir
ouvre de son mestier tant pour oster lautel de deuant les
fonts, releuer tombes et faire pauement de quarreaux
parmi leglise,   xx s.

Item pour ii quarts de vin pris chez Richard Darbois
pour donner a boire les cinq prestres de la Magdeleine et
aultres plusieurs personnes qui le jour de la Noël 1412
ont este chez Guiot le Pele, pour ce,   v s.

Au dict Lambinet, cordier, pour une corde pour lune
des grosses cloches, pesant xiii l.,   x s.

Pour glayz et herbe la veille et le jour de la Magdeleine,   v s.

Le xxii janvier 1413 pour lobseque faict en la dicte
eglise par les marregliers soulempnement pour feu Mahiet
Paaillon cest assauoir vigiles de morts, messe haulte à
dyacre et a sous-dyacre,   xx s.

Item a Remon et Chemeau, charpentiers, leurs vallets et
aydes pour auoir aualey et remonste les iv cloches du clo-
chier,   xli s. viii d.

Item a Messire Jehan Benoist, charpentier, pour auoir

2

descendu lymaige de la Magdeleine et la remonste sur le grant autel, xv s.

Item a Perrin Trubert, huchier, pour refaire et taillier deux des colonnes du grant autel et les rasseoir, pour ce, xxxii s. vi d.

Item a Jacquet de Valentiennes et son compaignon, pointre, pour avoir plastre, blanchi et point la grande table basse devant le grant autel, faire les hystoires qui y sont de bonne pointure, pour ce, ix l.

Item a Messire Jehan le Jeusne, prebtre, pour avoir chantey et celebre la premiere messe de la dicte eglise, pour ung an, xxxi l. x s.

Item pour lanniuersaire de feue Guillemette femme jadiz Gui le Flamant, le xix septembre 1413, paye au cure, chappelains, clercs, luminaire et sonneurs, xxx s.

Item le xxiv aoust 1414 fut marchande par les marregliers aux escripvains qui escripvent les psautiers et greel et aussy au parcheminier pour liurer parchemin, pour le vin diceulx marchez, x s.

Item pour ung ouurier a rasseoir les quarreaux en plusieurs lieux parmi lesglise, la semaine des Brandons, ii s. vi d.

Item a maistre Thomas Michelin, masson, pour faire ung ambenoistier de pierre et le asseoir ou pillier pres de la porte de leglise deuers lostel maistre Oudart, pour ce, xxii s. vi d.

Item pour pain et vin envoye au cordelier qui fist le sermon de la dedicace de la Madeleine, ii s. vi d.

Item pour estrain mis et respendu le jour de la Conception, ii s. vi d.

Item pour auoir baille a disner au Recteur, chappellains de leglise, aux sonneurs dicelle et autres auxquels il est accoustume de faire chascun an le lendemain de la Conception 1416, lv s.

Item a M° Guiot, clerc de leglise, pour sa peine et salaire davoir sonne la premiere messe pour le dict an et deliure le pain et le vin a chanter aux prebtres qui chantent en la dicte eglise, xx s.

Item a Martin de Lisle pour avoir joue les orgues la veille et le jour de Noel, v s.

Item pour avoir, le xviii mars, baille a disner au Recteur, chappelains de la dicte esglise comme coustume a este de faire afin quen leurs confessions ils recommandent leuvre de la fabrique, xxxvi s. vii d.

Item pour le joueur dorgues le jour de la Penthecouste et son disner, v s.

Item pour glayz a jonchier lesglise le jour de la Penthecouste, pour corde a pendre le coulon et les chappeaulx, en quoy le dit coulon est enclos, iii s.

Item pour avoir faict dun viez surepliz deux petits aux enfants de cuer, iii s. ix d.

Item paye au joueur dorgues le jour de la feste de Monsieur sainct Jehan, ii s. vi d.

Item paye pour glaiz mis en la chapelle de Monsieur sainct Jehan, ii s. vi d.

Item a ceux qui ont faict la quête des parements pour parer lesglise des dicts parements pour la Magdeleine, xx s.

Item a iceux pour leur disner et un pot de vin, x s.

Item pour glaiz a jonchier lesglise, iv s.

Item a Jehan Martin pour avoir joue des orgues et son disner, v s.

Pour despense faite par le dit maistre Jehan Duboys pour le O que les marregliers ont acoustume de faire chacun an en la veille de Noel, auxquelles prebtres et plusieurs notables personnes de la ditte parroisse ont acoustume destre, tant en pain, tartelettes, gasteaux que vin et autrement, xx s.

1502-1520.

Compte de Jehan Foret, marriglier de leglise parrochiale de la Magdeleine de Troyes, des receptes mises et despences par luy faictes pour ladicte eglise, pour ung an, commançant au jour de feste Sainct-Remy, chef doctobre, lan mil v^c et deux, et finissant lan mil v^c et troys, ainsi que par la maniere qui sensuit (1).

Recepte dargent des femmes qui ont quis leuvre de la dicte eglise, par chascun dimenche, le dit an durant et offert le pain benist à la maniere acoustumee.

Du dimenche xxiii avril, par la femme a maistre Jehan Gailde, m^e masson dicelle eglise, qui ce dit jour a quis leuvre, ensemble les x deniers a la martine,

xiii s. vi d. 1513.

Aultre *recepte* faicte a cause de la queste des messes de Sainct-Sebastien, et des trespassez, durant le temps de ce present compte.

Le dimenche xiii jour de fevrier, par la femme a Martin de Vaulx, qui a quis ce dict jour les trespassez, 1513.

Aultre *recepte* faicte a cause des deniers venuz aux reliques, le dict an durant.

Le dict jour de Pasques est venuz au bassin, pour le vin a communier, garde par Symon Sedanne, lxiii s. v d. 1513.

Le dict jour, tant du matin quapres vespres est venuz aux reliques,   lxxvii s. iii d. 1513.

---

(1) *Archives de l'Aube,* registre 856.

Aultre *recepte* faicte à cause de noz prestez et corps inhumez, tant en la dicte eglise comme ou cymetiere dicelle, durant le dict an.

Item à Huguenin Bailly, maçon pour son enfant, mis au cymetiere, x d.

Le dimenche xxx jour de juillet, de Jehan Girard, notaire pour son enfant, mis en leglise, ii s. vi d. 1503.

De lenfant de M. Oudart de Villemor, inhume en leglise, ii s. vi d.

De lenfant à Me Jehan Gailde, inhume en leglise, ii s. vi d. 1512 (1).

De lenfant Jehan Prunel, miraclier, demeurant en la rue de la Croix-d'Or, inhume en leglise, ii s. vi d. 1514.

Aultre *recepte* faicte a cause des laiz et dons et aulmosnes faictz a la dicte eglise durant le temps de ce present compte.

Le vendredy iii jour de may 1503, receu des executeurs du testament de feue Jehanne, femme de Lyenin verrier, demourant en la rue de Nostre-Dame, xii d.

Des executeurs du testament de messire Anthoine Coliney, prestre, frere de monseig. le cure dicelle eglise, iii d. 1512.

Dune poure femme demourant en lostel Jehan-Marin, xxx s. et certaines reliques.

Des executeurs du testament feu messire notre cure maistre Jehan Coliney, xl s.

Aultre *recepte* faicte à cause des cierges venuz et prins aux confrairies faictes en la dicte eglise durant le temps de ce present compte.

De la confrairie S.-Luppien, le xiv octobre, 33 s. 9 d.

---

(1) Registre 857.

De la confrairie S.-Barbe, le 3 decembre,   46 s. 3 d.

De la confrairie de la Conception N.-D., le 9 decembre,   14 l. 19 s.

De la confrairie de Monsieur S.-Maur, le 15 janvier,   62 s. 6 d.

De la confrairie de Monsieur S.-Sebastien, le 20 janvier,   53 s. 9 d.

De la confrairie de Monsieur S.-Blaise, le 3 fevrier,   103 s. 9 d.

De la confrairie de la glorieuse translation de la begnoiste Marie-Magdeleine, 25 avril,   105 s.

De la confrairie de Monsieur S.-Quirin, 31 avril, neant.

De la confrairie de Monsieur S.-Claude, 8 juing, 42 s. 6 d.

De la confrairie du begnoist Sacrement et Feste-Dieu,   116 s. 3 d.

De la confrairie de Monsieur S.-Eloy, que font les orfevres.

De la confrairie du jour du S.-Sacrement, que font les prebtres,   neant.

De la confrairie du jour et feste de la glorieuse Magdeleine, que font les drappiers.

De la confrairie et jour de feste de Madame S.-Anne, le 30 juillet,   32 s. 6 d.

De la confrairie et jour de feste de Monsieur S.-Roch,   33 s. 9 d.

De la confrairie et jour de feste de Monsieur S.-Louys, que font MM. les officiers du Roy, advocatz et praticiens, le 24 aoust.

De la confrairie de Monsieur S.-Fiacre,   46 s. 3 d.

De la confrairie des anges et jour de feste de Monsieur S.-Michel, le 31 septembre,   17 s. 6 d.

De la confrairie et jour de feste de Monsieur S.-Urse, le 31 septembre,   3 s. 9 d.

Aultre *recepte* faicte a cause de ce que les bastonniers des confrayries de la dicte eglise ont donne a leuvre dicelle durant le temps de ce present compte.

Aultre *recepte* faicte a cause des cires venues et yssues des confrairies faictes en la dicte eglise, durant lan de ce present compte.

Aultre *recepte* faicte a cause des anniversaires fondez et admortiz en la dicte eglise.

Aultre *recepte* faicte a cause des rentes et censives deues chascun an a la dicte eglise au jour et terme de feste S.-Remy.

Aultre *recepte* faicte a cause de la revenue des prey et autres heritages appartenans a la dicte eglise.

Aultre *recepte* faicte a cause des loyages des maisons assises a Troyes, appartenans a leglise de la Magdeleine.

Aultre *recepte* faicte a cause des heritages baillez et delaissez a la dicte eglise par feu Jehan Foucquier, en son vivant marchant.

Aultre *recepte* faicte a cause du profit venu a la dicte eglise des cieges, marches pour asseoir les femmes mis et assis en icelle eglise. 1512.

Aultre *recepte* extraordinaire faicte durant le temps de ce present compte. 1502.
Dun quidam pour le denier a Dieu, 2 d.
A este vendu par Francois Maulroy 50 piedz de pierre de Tonnerre qui appartenoit a la dicte eglise au m^e maçon pour servir a faire les formettes de la grant verriere que les drappiers donnerent a la dicte eglise, 6 l. 5 s.

Autre *recepte* faicte a cause et pour vendues de vieilles

matieres appartenans a icelle eglise de la Magdeleine durant lan de ce present compte.

A este vendu a maistre Jehan Gailde, deux pieces de bois de xxii pieds de long et ung arpent de large dont il en a paye xx s., estoit pour faire ciege pour une cloison.

Au dit maistre Jehan Gailde, pour avoir prins a son affaire une pierre de Tonnerre pour soy aider, de trois piedz un cart, a ii s. vi d. le piedz, valent, viii s. i d. 1515.

Despence et mises faictes par icelui marriglier pour la dicte eglise de la Magdelaine, sur la recepte deuant dicte durant le temps de ce present compte.

Deniers payez a cause des rentes et censives que doivent chascun an les heritages appartenans a la dicte eglise de la Magdelaine.

Aux religieux abbe et couvant de Pontigny,	xx s.
Au recepveur ordinaire du roy,	xxx s.
Aux religieuses abbesse et couvent de N.-D. des Prez,	xii d.
Au prieur de N.-D. de Clerlieu,	ii d.
A Jehan Dallichampt, escuier,	xii d.

Autre *despence* faicte a cause des messes ordinaires qui, par chascun jour, se disent en la dicte eglise.

A messire Simon le grant prebtre, organiste de la dicte eglise, iv livres pour avoir dit et celebre une messe par chacune sepmaine, le jeudy. 1511.   iv l.

Au dit messire Simon, viii l. pour son salaire davoir joue des orgues,   viii l.

Autre *despence* faicte a cause des sermons et predications que doit par chacun an leuvre et fabrique de la dicte eglise.

La dicte eglise en lan seulement est tenue faire dire trois sermons, et le cure doit les autres, et est assavoir pour la dicte eglise :

Pour le jour de la Dedicasse dicelle eglise, sermon ;

Pour le jour de la Conception N.-D., sermon ;

Pour le jour de la Translation de la glorieuse Magdeleine, sermon.

A ung beau pere Jacobin et prieur des dicts Jacobins, lequel prescha et fist la predication le dimenche sainct Edme, avant la feste de la dedicasse dicelle eglise, eut pour ce, v s.

Autre *despence* faicte a cause tant pour lachat de charbon comme pour avoir blanchi le linge de la dicte eglise et fourni en hiver les chandoilles pour les ouvriers.

Le samedi veille de la Toussains, pour six sacz de charbon a xii deniers pour sac pour les prebtres et les massons. 1511.

Item pour bois baillie a diverses fois a Maistre Jehan Gailde pour cuyre son platre, xxv s. 1512.

Autre *despence* faicte a cause des cierges quil a fallu avoir et fournir pour les messes S. Sebastien, des Trespassez, la premiere messe, la messe Naget, les messes de Drouot, Foucquier, et les salves, et aussi pour plusieurs petits cierges pour servir aux confrairies dicelle eglise. 1512.

De Nicolas Guillemel, apoticaire a Troyes, xxxviii l. vi d.

Autre *despence* ordinaire, commune et extraordinaire faicte durant lan de ce present compte tant en ouvrages, achapt de matiere, manouvriers que plusieurs autres choses declarees cy apres en ce present compte. 1511.

A ung tabletier de lion, pour xiii pierres de plusieurs

sortes pour radoube le bras sainct Blaise, present Pierre, Belin, orfevre et autres, xiii s.

Pour avoir paye pour cinq pintes de vin pour communier a la table le dict jour de Noel, a viii d. la pinte, et paravant le jour de la Toussains deux pintes, pour ce, iii s. vi d.

Au dict Pierre Belin, orfevre, pour avoir eu de luy ung petit joyau dargent pesant un teston, ouquel est mis le reliquiere de la *coiffe* et *couvrechef* a la benoiste Marie Magdeleine, et pend le dict joyau a limage dargent de la Magdeleine, et a eu pour fasson et pour tout, x s.

Pour le digner des prebtres, fait le jour des Cendres affin quils ayent lœuvre de la dicte eglise pour recommander en leurs confessions tant en pain, vin, poisson et autres viendes, presens M^e nostre cure, ses vicaires et autres prebtres, leur a este baillie pour icelle annee seullement pour ce, L s. VI s.

Au dict Pierre Mognin, pour avoir au longs de la dicte eglise boucher les saincts et sainctes en caresme, la veille des brandons, ii s. vi d.

Au dict Perrin, pour avoir luy et ses gens veillez le paradis [le jeudy absolut], et deux pintes de vin et ung pain, pour ce, xx d.

A Jehan Caillot, orfevre, par sa femme qui a fait et fourni le chapeau de perle a lymage de la Magdeleine, laquelle est dargent, pour ce, vi s. viii d. 1511.

A Lyonnet Houssey, demourant en la grant rue, pour avoir relye et nestoie les deux grands pseaultiers de la dicte eglise, ung messel et pour avoir relie les evangilles et couvert de bazanne rouge, LI s. viii d. 1503.

A Lyonnet Houssey, libraire, demourant a Troyes, devant le Lyon dor, pour avoir relye le legendaire du temps de ladvent et pour avoir rappiece le grant mecel, x s.

A Jehan le Blanc, pour avoir achette des chappeaulx

de violettes et esquillettes pour le pijon [le jour de la Pentecoste].

A Jehan Cornuat, verrier, fut marchande a luy de rabillier toutes les verrieres tant basses que haultes, tant verre painct que blanc, xx s. 1513.

A Michel Ninel, pour deux aulnes de tiercelin blanc pour faire une croix ou poelle de drap noir pour la dicte eglise, x s.

A Jehan Mariotte, brodeur, pour avoir fait de broderie icelle croix ung crucifix et une Magdeleine, icelle Magdeleine tenant et embrassant la dicte croix, pour toute sa broderie et fasson dudit poelle, xxv s.

Aux chantres et vicaires de leglise de S.-Pierre qui, le jour de la Magdeleine, chanterent la grant messe a champ et nottez, pour ce, v s.

A Jehan Mariotte, brodeur, pour avoir fait une chappe pour les petitz enfans pour mettre aux confrairies des confreres, est de taffetas rouge, pour ce, xx s.

A la vefve Richard Gailde pour xl chappeaulx pour le jour de la feste Dieu et sainct Sacrement, ensemble iiii gros bouquets pour le ciel a porter nostre Seigneur, xvi s. viii d.

Plus falut avoir autres chappeaulx jusques a deux douzaines achettez au change, qui cousterent iii s. ix d. 1514.

A Nicolas Havelin, tailleur, pour avoir taille le reliquiere de bois en fasson de couppe, auccques mis ung piedz griffez ou chef ou est le reliquiere de S. Loup, pour ce marche fait a luy, xxviii s.

A Jehan Verrat, verrier, pour avoir livre et mis le verre au relicquiere de la vraye croix et au joyau des reliques nouveau fait, pour ce, iii s. iiii d. 1515.

Pour ung disner acoustume de faire aux prebtres qui a ete faict le premier jeudy de caresme en lostel de Messire Felix, auquel devoit assister Mons. le cure pour remontrer les faultes diceux prebtres a cause de plusieurs doleances et clameurs faictes contre eulx, lv s viii d. 1516.

A Jehan Soudain, verrier et ouvrier de verrieres demourant a Troyes, pour soixante panneaulx des haultes verrieres quil a levez pour les replomber et y mectre plusieurs lozanges, vii l. 1517.

A Jehan Macarde, verrier demourant à Troyes, lxx solz tournois pour plusieurs lozanges de verre par luy mises es verrieres de la dicte eglise, lxx s. 1519.

A Robert Lestellier, tapissier, xvi livres pour avoir refaict et mis a poinct une des grandes pieces de tappisserye dicelle eglise nomee ou la Magdeleine presche, en laquelle a mis plusieurs bandes de toilles, xvi. l. 1519.

Autre *despence* faicte des messes des trespasses et de sainct Sebastien et aussy l'*Ynviolata* qui se chantent par chascun jour avant la grant messe en la dicte eglise, et autres choses declarees en ce present chappitre.

Autre *despence* faicte a cause des anniversaires et salvez fondez et dictz en la dicte eglise.

Autre *despence* faicte a cause de lanniversaire qui se dit chascun an le dimanche dappres la Conception N.-D., pour le remede et le salut de lame de honorable et saige Maistre Jehan Clement, lieutenant general de M. le bailly de Troyes. 1511.

Aultre *despence* faicte a cause des *heures canonialles* qui se disent a present en la dicte eglise. 1502.

ESTAT

DE

QUELQUES CHOSES FAICTES EN LA DICTE EGLISE

COMME L'ON TROUVE PAR LES COMPTES
DE LA FABRIQUE D'ICELLE.

XV° SIÈCLE.

Premierement que aux jours de la Conception Nostre-Dame, a la Toussaints, a Noël, a la Chandeleur et autres bons jours, on mettoit en lesglise de la paille et foirre pendant les mastines aux despens de la dicte fabrique comme il est contenu au compte de l'annee 1451.

Nota que les marguilliers chantoient ou faisoient chanter aux Advents de Noel les *O Virgo*, et bailloient a boire aux prebtres comme il est contenu au compte de l'annee 1435 et autres.

Nota que les quatres grands chandeliers de cuivre qui sont devant le grant autel ont été faits et achetez en l'annee 1440, et pesent ensemble 250 livres, comme il est contenu au compte de l'annee 1440.

En l'annee 1416 on a fait faire la tapisserie de haute-lisse en la dicte eglise.

Item dès auparavant la dicte annee 1416 il y avoit des orgues, et en la dicte annee on a fait dorer une des croix du tresor.

Nota que les marguilliers ont accoustume de donner a disner aux frais de la dicte fabrique le mercredy devant Pasques, tant au cure qu'au recteur, chappelains, prebtres qui confessent en la dicte eglise en la grande semaine, afin qu'en faisant leurs confessions ils recommandent l'œuvre de la fabrique pour y faire aulmosnes de quelque chose, de ce appert par le compte de 1426 et autres comptes.

Les deux grands pilliers de cuivre qui sont au grant autel ont ete faicts en 1447 et pesent 319 livres, y compris les barreaux de fer, selon le compte de 1447.

En l'annee 1467, il y a eu une grande peste a Troyes et l'eglise de la Magdeleine fut ceinte et environnee de cire a l'entour et fut faicte queste pour cela, selon le compte de 1467.

Nota que en l'annee 1409, on a tenu les grands jours a Troyes et a ete faict reformation contre les curez de ce qu'ils exigeoient pour les sacrements et autres choses, selon le compte de 1470.

En l'annee 1472 on a faict remonster le sepulchre et pareillement le tresor de la fabrique qui estoient lors pres du grant portail et furent derobez les joyaulx et les reliques de la dicte eglise estans au dict tresor, pres du dit grand portail qui depuis fut abatu et remis ou il est de present.

En la dicte annnee 1470 on a fait faire la chappelle a l'endroit du grant autel et par derriere le cimetiere ou sont les verrieres aux armes des Roffey.

Nota que en 1454 l'ymaige de S. Jacques assis premierement sur le grant autel et depuis mis au pillier a coste a ete fait aux despens de feu Jacquinot Mauroy.

Et en la dicte annee 1454 le souzbaze de pierre du grant autel de la dicte eglise sur lequel est limage de Marie Madeleine, et le ciboire furent faits.

XVIᵉ SIÈCLE.

En l'annee 1501 l'on a fait bastir et faire la crouppe de la dicte eglise de la Magdeleine et pour y fournir on fit queste par la paroisse, et fut despence en la dicte annee 747 liv.

En la dicte anne y eut un grant jubille a Troyes, et fut la dicte eglise de la Magdeleine l'une des sept qu'il falloit visiter pour gaigner les pardons.

Nota que dès l'an 1502 on a accorde au cure pour les heures canoniales, xxv liv.

En l'annee 1508 on a commence a faire le jube de pierre en la dicte eglise.

En l'annee 1511 on a fait faire ung petit joyau d'argent pour mettre dedans le reliquaire de la coiffe et couvrechef de S. Marie Magdeleine.

Nota que en l'annee 1516 on a fait faire deux cloches : l'une grosse pesant 15,094 l., et l'autre 2,244 l.

Nota qu'en l'annee 1518 on a fait faire le bureau et le dossier d'iceluy ou sont les Marguilliers.

Nota que les marguilliers bailloient le jour des Cendres a disner aux prebtres pour assister le cure aux vigiles qui se disent tous les dimanches de Caresme.

En l'annee 1520 on a fait faire deux cloisons au cœur de l'eglise moyennant 26 l..

Nota qu'en l'annee 1524 on a fait faire la cloison de pierre au jube du coste du sepulchre.

En 1525 on a achete deux douzaines de velin pour faire un carthulaire des titres de la fabrique, et marchande a Guiot Bonjehan pour l'escrire

Nota qu'en 1526 les marguilliers ont fait faire une banniere de taffetas cramoisy.

En l'annee 1528 on a commence a avoir un sonneur a gages en la dicte eglise, et y fut Jean Sauxion moyennant 30 livres.

Item en l'annee 1528 les marguilliers ont faict faire un chandelier de cuivre en façon d'arbre de Jessé, qui est devant l'hostel Nostre-Dame la Blanche et a couste 70 l. 18 s. 3 d.

Item en l'annee 1534 on a commence a faire les fondations pour la tour du clocher de la dicte eglise, et estoit Martin de Vaulx le maistre masson.

En l'annee 1536 on a fait faire les portes et fermetures d'entre le jube et les autels S. Sebastien et S. Luppien, et ont este faictes en la dicte annee 1536 trois grandes formes pour mettre devant l'autel S. Sébastien, pour asseoir les paroissiens.

Nota que le grant jeudy on a fait faire un cent doublies, et le jour de la Feste-Dieu trois douzaines de chappeaulx de violettes.

Item nota que en l'annee 1537 on a fait faire un orloge en la dicte eglise, et fut faite queste par la paroisse pour aider aux depenses de la fabrique.

Nota que en l'annee 1540 on a fait faire les orgues de la Madeleine, et estoit louvrier M⁰ Nicolle Gui, et ont este paints par Louis Pothier et dorees par Jacques Passerat, orfebvre.

Et en l'annee 1546 on a achepte et fait relier en veau six processionnaires qui ont couste 4 l. 10 s.

Et l'on a en la dicte annee apporte de Mouzon des reliques de S. Quirin qui ont este baillees a la dicte fabrique.

Item on a commence a faire faire le portail respondant

sur le cimetiere pres la tour du clocher, et estoit le masson M⁰ Jean Rousseau, en la dicte annee 1550.

Nota que en l'annee 1564 on a faict faire quatre verges de baleyne avec les marques d'argent au milieu et au bout, pour porter par les marguilliers.

En la dicte annee on a faict paindre la banniere en la dicte eglise par Nicolas Pothier, qui a eu quarante une livres.

En la dicte annee 1564 on a achete la petite cloche qu'on porte et sonne quant on porte Dieu aux malades.

En la dicte annee 1565 a este mise au cimetiere la croix de pierre qui y est.

Nota qu'en l'annee 1568 on a commence a faire la procession les jeudys le matin, depuis la S. Remy jusques a Pasques avec le *corps de Dieu* que l'on porte en une chasse portee par deux prestres revestuz de chazubles, on faict trois tours dedans l'eglise, puis on le porte sur le grand autel.

Nota qu'en l'annee 1569 on a faict faire les chaizes de bois qui sont au cueur, ou l'on chante les vespres et matines, et estoit Gille Motet, menuisier, qui les a faictes.

Item a este accorde a Monsieur Dumay, cure, de payer deux tiers de son logis a charge de prescher et sans tirer a consequence.

Item une douzaine de croix de bois a paindre icelles pour porter aux malades de la paroisse.

Item nota qu'en l'annee 1572 on a faict faire le ciel sur la chaire du prescheur.

Item on a faict dorer l'autel S. François par M. Dominique, et est le dit autel a un coste du jube devant l'autel S. Sebastien.

Nota qu'en l'annee 1579 on a faict faire le poille de drap noir, dont on a paye a Nicolas du Bourg, brodeur, neuf escus douze sols.

A este faict en la dicte annee 1579 le baston de la confrairie de S. Claude.

En l'annee commençant le premier jour d'octobre 1586 et finissant en septembre 1587 toutes les verrieres tant haultes que basses ont ete nettoyees, mises en estat par Macadrey, verrier demeurant a Troyes, auquel pour ce a ete paye la somme de 8 escus un tiers (1).

---

(1) *Archives de l'Aube,* liasse 78, carton 60.

CONSTRUCTION DU JUBÉ.

S'il en faut croire Courtalon, l'église Sainte-Madeleine de Troyes aurait subi d'importantes restaurations au commencement du xvɪᵉ siècle. Les registres que j'ai compulsés avec soin nous apprennent qu'à cette époque cette église déjà célèbre fut non-seulement restaurée, mais encore considérablement agrandie. De nombreux autels s'élèvent, des verrières sont peintes aux frais de quelques honorables familles et à ceux des drappiers et des orfèvres, des *ymaiges* sont taillées et posées sur les autels, de grosses cloches sont montées « au clocher », de *grandes* et de petites orgues font entendre leurs harmonieux sons.

Un maître-maçon se présente pour élever un magnifique jubé avec les deniers de la paroisse. Les travaux commencent en 1508 (1). Maître Jean Gailde gagne 6 sous 3 deniers par jour; les marguilliers ne lui donnent que 5 sous 6 deniers « *pendant les petits jours à cause de lui fournir les chandoilles pour ouvrer et le charbon pour le chauffer.* » Sous ses ordres travaillent François Matray, Martin de Vaux, Jacques Brisset, Nicolas Mauvoisin et Jean Courtin de l'Espagnot; les uns et les autres reçoi-

---

(1) Les comptes conservés aux archives présentent une lacune de 1503 à 1511. Des notes recueillies par un marguillier nous apprennent que la construction du jubé ne fut commencée qu'en 1508.

vent de 3 à 4 sous en hiver et de 4 à 5 sous pendant les grands jours. Les soudures sont de plomb ; la *poix blanche*, l'*encens* et la *cire vierge* entrent dans la composition du mastic. Jean Gailde choisit lui-même les ouvriers, dirige l'œuvre et vérifie les comptes de l'*apoticaire* (1), des charretiers et des ouvriers. La pierre de Tonnerre, vendue par Antoine Roy et Etienne, son frère, coûte 16 deniers le pied ; le *foretaige* d'un bloc de 21 sous coûte la même somme.

Maître Jean Gailde, dès l'année 1512, ne travaille plus une semaine entière ; ses talents le font requérir par la ville. Il quitte de temps en temps son jubé pour travailler « aux fortifications des murailles et des portes. » De nouveaux ouvriers arrivent : Huguenin Bailly et Nicolas le Mire. Nicolas Halevin sculpte « les trois ymaiges en rondeaulx du devant le jubé. » Pour animer au travail, la fabrique donne des collations composées de pain, de vin et de *flannets* (2). Les prêtres, les massons, les manouvriers et quelques paroissiens y prennent part ; tous aident à monter ou à décharger les pierres. Louis Lamy, fils de Michelet Lamy, chante la veille de Noël sur le jubé « nouvellement lié » l'évangile appelé la *grant lesson* et donne la somme de 10 sous. Martin de Vaux, Nicolas Mauvoisin et Jacques Brisset travaillent, en 1513, aux portes *Saint-Jacques* et *Comporté* (3) ; Huguenin Bailly est chargé de celle de *Cronceaulx*. Les marguilliers de Sainte-Madeleine appellent d'autres ouvriers ; Huguenin Madet, Nicolas Oudin, Jean Gobin, Claude Tassin, Lyé Gille taillent

---

(1) *Apoticaire*, épicier-droguiste......

(2) *Flannets*, gâteaux de flan, tartes composées de farine, de lait, d'œufs et de beurre.

(3) La porte *Comporté* se trouvait à l'extrémité de la rue de la Cité. Dès le XIIIe siècle, elle était qualifiée de porte du Comte, *porta Comitis*.

les pierres et les montent. L'ouvrage s'exécute avec une si grande activité, que l'ambon est achevé dès l'année 1514. Trois années sont employées à construire les escaliers élégants qui servent de piliers butants à cette partie de la voûte. Jean Gailde taille lui-même tous les ornements, en retouche les vifs et les *epoussete*. Simon Mauroy est appelé « pour faire les écussons et armoiries du dict jubé, par devers le cueur, afin de despecher l'œuvre pour le jour de Noël. » Huguenin Bailly et Martin de Vaux interrompent leurs travaux à Sainte-Savine et à Saint-Pierre. « De petites orgues sont mises au jubé; » l'inauguration de cet admirable chef-d'œuvre est faite le jour de Noël de l'année 1517.

Jean Gailde travaille au portail « par devers le cimetiere, pose des ymages et refaict un espy du jube rompu par ceux qui tendent la tapisserie. » Sa femme quête le pain bénit; ses enfants sont inhumés dans l'église Sainte-Madeleine; lui-même, enseveli à côté de son œuvre, attend tranquillement le jour de la consommation des siècles, *sans crainte d'être écrasé* (1).

EXTRAIT

des

COMPTES DE LA FABRIQUE DE L'EGLISE SAINTE-MADELEINE,

SERVANT DE PIÈCES JUSTIFICATIVES.

Recepte faicte par iceulx marregliers a cause des dons, aulmosnes et questes faictes parmi la paroisse dicelle eglise de la Magdelaine, pour parachever et faire le dict

---

(1) COURTALON. *Topographie du Diocèse de Troyes*, t. II, p. 255.

jube de pierre et les noms escripts de ceulx qui ont baille leurs devocions en lan de ce present compte (1511-12).

Et premier. le xv mars 1512.

En la rue du Souflet.

Maistre Nicole de Villemor,	xxx s.
Maistre Edme Maret, receveur pour le roy nostre sire,	xx s.
Maistre Claude Thienot,	xx s.
Jacques Lesguisier,	x s.
Jehan Fontaine,	xx s.
Jaques Gaucher,	x s.

En la rue de Chaalons (1).

La vefve maistre Jehan Gnovillion,	xx s.
Samson le Saige, vignaigrier,	ix s. xi d.
Jeanne la brune bailla pour fournir a lachact des chandeliers que on achetta ung teston de	x s.
Chapelier le jour de Pasques,	xiii s. iv d.
Jehan Vadepiez,	xi d.
Simon Sedanne,	ii s. vi d.
Jehan Caillot,	xv d.
Messire Denis Martin, prebtre,	x d.
Jehan Lhermite,	viii s. iii d.
Victor Rinbault,	ii s. vi d.

En la rue de la Draperie (2).

Jehan dAssenay Meignen,	v s.
Gerardt Clement, procureur,	ii s. vi d.
Jehan des Molins, de S. Martin,	iii s. iiii d.

---

(1) Rue du *Domino*, où demeurait le célèbre orfèvre Jacques *Domino*, actuellement rue Paillot-de-Montabert.

(2) Ou de la *Chausseterie*, actuellement rue Neuve-d'Orléans.

Nicolas d'Assenay,	xv d.
Hanriet Mauferey,	iii s.
Thiebault du Fay,	xii d.
Jehan Verson,	v s.
Colas Fournier,	ii s. vi d.
Jacques de Chatouru,	xxxv s.
Anthoine Cornuat,	vi s. viii d.
La vefve Jehan Galliart,	v s.
Jehan Leger,	iii s. iiii d.
La vefve Jehan Boucherat,	xx s.
Guillelme Goffroy,	v s.

En la rue du Tabellionnage.

Jacques Clement,	v s.
Monseigneur de Rossoy Nicolas bien aymé,	xxxv s
La vefve Guillaume Theneny,	xl s.
Jacques de Monsy, seigneur de Charle,	xxxv s.
Denisot, pasticier dit Thomy,	ii s. vi d.
Guillemin Collin, coustepointier,	xx d.

En la rue de la Rorie (1), le Breuffoy (2), la Monnoye (3), et la rue de la Correterye (4).

Jehan le Tartrier,	xx s.
La vefve Mahiet du Charmero,	v s.
Louis Jaquet, sergent,	ii s.
Claude Beaufer, bourrelier,	v s
Pierre Prennat, tonnelier,	ii s. vi d.
Jehan Oudart, mercier,	xx d.

---

(1) Rue des *Filles Repenties* ou de Saint-Abraham, actuellement rue Jaillant-Deschainets.

(2) Rue de *Beffroy*, commençant à la porte du même nom (*Porte de Paris*).

(3) Ainsi désignée dès 1503 ; plus anciennement, rue de *Pontigny*.

(4) Rue de la *Corterie-aux-Chevaux*, actuellement rue du Bois.

La vefve Beaufer, chandeliere,	ii s vi d.
Le gendre a la Hebarde nomme,	xii d.
Jaquin Paris, tonnelier,	v s.
Jacques Vorillierney,	v s.
Françoys Rogelin,	xii d.
Jehan Pipey, mareschal,	iii s. vii d.
Jehan Vardy,	ii s. vi d.
Avy Rampillon,	x d.
Jehan Sevegui, tonnelier,	x s.
Monsieur le lieutenant maistre Jehan Clement,	xxv s.
Monsieur le lieutenant maistre Jehan Bazin,	xxxv s.
La religieuse de sainct Abraham,	xx d.
Jehan Saulsoy,	xii d.
Jehan Boutart, tonnelier,	xx d.
Mademoiselle La Garde,	vi s.
Monsieur le Receveur Pierre de Ville Provee,	xxxv s.
Jehan Oudin, marchant de chevaulx,	v s.
La vefve Jehan Corrart,	ii s.
La vefve Jehan Bourgeois,	xx d.
Nicolas Blampignon,	xx d.
Laurent Mareschal, escuclier (1),	vi s. viii d.
Michault Maliart, tixerant,	xii d.
Messire de Sainct Roch,	ii s.
Colas Ravynet, mareschal,	ii s. vi d.
La vefve Rebart,	xx d.
Jehan Musnier, tixerant,	ii s. vi d.

Tonneliers qui en la dicte cherche promirent des vessieaux (2) et furent vendus a x s. la queue en septembre.

Thomas Moyne, tonnelier,	v s.
Guillemin Herbelin, tonnelier,	ii s. vi d.
Guillemin Boussart, tonnelier,	ii s. vi d.

---

(1) *Escuclier*, marchand de poterie.
(2) *Vessieau*, vaisseau, tonneau.

Pierre Prennart, tonnelier, ii s. vi d.
Jehan de Gonthiere, tonnelier, v s.
Jehan Charle, tonnelier, ii s. vi d.
Jehan Payen, tonnelier, v s.
Jehan Pajot, tonnelier, v s.
La femme a Pinsot bailla sur sa promesse, v s.

Despence faicte a cause de la maconnerie et ouvrage du jube de pierre *commance pour parfaire pour lan de ce present compte.*

En la sepmaine commançant le v jour du moys doctobre.

A Nicolas Guillemel prins pour Maistre Jean Gailde, ii l. de poy noire, xvi d.

En la sepmaine du dimenche xxi decembre.

A Nicolas Joliot, macon, pour deux jours et demy quil a ouvre (1) avecques les dicts massons, a ii s. vi d. par jour, vaut vi s. iii d.

En la sepmaine du dimenche xi janvier.

A Nicolas Guillemel prins en sa maison ii quart demy de cire vierge pour les massons, xv d.

A Nicolas Guillemel prins en sa maison pour M° Jehan Gailde, pour souder ses pierres iii^{onc} masticq, pour ce, viii s.

Pour avoir achette iiii l. de plomb baille au maistre masson pour plomber quelque pierre, a vii d. la livre, pour ce, ii s. vi d.

Audict Nicolas Guillemel i livre demy poix blanche nette pour les dicts massons, ix d.

---

(1) *Ouvrer*, travailler.

En la sepmaine du xi juillet.

Pour avoir convoyer ung nomme Lorant jusques a la pierriere de Tonnerre pour faire venir et haste deux plus grosses pieces de pierre pour le dict jube.

Autre despence a cause de lachapt des pierres tant dappareil que non appareil, et des pierres de Tonnerre, durant lan de ce present compte.

Du dict Anthoine Roy et Estienne, son frere, pour ung bloc contenant xv piedz iii cars, a xvi d. le pied, vaut xxi s.

Et pour le foretaige (1), xvi d. le piedz,   xxi s.

A Jehan Boutart et Anthoine Mitaine, de Ancy, pour ung bloc pierre dappareil de xxxvii piedz, a iii s. pour pied, vault pour voiture,   cxi s.

Et pour foretaige, xx d. le pied, vault   lxi s. viii d.

Somme de despence : vi^{xx} xi l. ix s. iii d.

Autre despence faicte a cause et pour journees de macons et manouvriers qui par chacune sepmaine ont ouvre a parfaire le dict jube durant lan de ce present compte.

Et premiers.

En la sepmaine commancant le dimenche v jour doctobre.

Au maistre masson maistre Jehan Gailde, pour avoir ouvre en la dicte sepmaine pour le dict jube par trois jours, a vi s. iii d. par jour, pour ce,   xviii s. ix d.

A Francois Matray, son serviteur, pour avoir ouvre en la dicte sepmaine vi jours, a iii s. ix d. par jour, xxii s. vi d.

A Martin de Vaulx pour avoir ouvre en la dicte sepmaine six jours, a iiii s. ii d. par jour,   xxv s.

---

(1) *Foretaige*, fortage, droit qu'on payait pour l'exploitation des pierres.

A Jacques Brisset, pour avoir ouvre en la dicte sepmaine six jours a iiii s. par jour, pour ce, xxiiii s.

A Nicolas Mauvoisin, pour avoir ouvre en la dicte sepmaine six jours à iiii s. par jour, xxiiii s.

A Jehan Courtin de Lespagnot, pour avoir ouvre en la dicte sepmaine six jours a iii s. iiii d. par jour, xx s.

En la sepmaine du dimenche xii octobre.

A Nicolas Jolliot, manouvrier, pour trois jours a ayder aux dicts massons a ii s. chacun par jour, vi s.

Cy commance les petitz jours esquieulx diceulx, on a de coustume de ramendryr (1) le pris dun chacun jour des dicts ouvriers a cause de leur fournir durant iceulx petitz jours les chandoilles pour ouvrer et le charbon pour leur chauffer.

En la sepmaine du dimenche ix novembre.

A Mᵉ Jehan Gailde, pour avoir ouvre en la dicte sepmaine quatre jours trois quarts a cinq solz cinq deniers par jour, xxv s. ix d.

A Guenin Bailly, nouveau venu, pour avoir ouvre en la dicte sepmaine six jours a trois solz quatre deniers par jour, xx s.

Cy commance les grands jours.

En la sepmaine du dimenche vii mars.

A maistre Jehan Gailde, pour avoir ouvre en la sepmaine iiii jours et demy à vi s. iii d., pour ce, xxviii s. i d.

En la sepmaine du dimenche xxii aoust.

A Nicolas le Mire, pour cinq jours, chacun jour au dict pris, xviii s. ix d.

Neufiesme somme de depense, iiᶜ xxxvi l. xvii s. vi d.

---

(1) *Ramendryr*, diminuer, réduire.

1512-1513.

Queste faicte parmy la paroisse pour faire et ediffier le jube de pierre.

Et premierement, le xiii decembre,

De Petit Jehan Langlois, sergent royal,	ii s.
Pierre Rouge,	x d.
Jehan Bertram,	x d.
Mons. le lieutenant du prevost Pierre Roger,	x s.
Michel Ninel, par sa femme,	x s.
Symonnet Moricé, drappier,	xv s. vi d.
Jehan Leger, drappier,	iii s.
Jehan Belin, orfevre,	vii d.
Jehan Verson,	v s.
Nicolas Bourcier,	ii s. vi
Jaques Perricard,	xi. s.
Nicolas dAssenay,	xx d.
Panthaleon Bougrat,	ii s.
La vefve Bertram Lamy,	v s.
La vefve Jehan Boucherat, drappier,	xiii s. iiii d.

Jehan Lebrun, escuelier, par sa femme, sur ce qui luy estoit deu de chandoille pour les ouvriers, a baille a la dicte eglise, iii s.

Jehan le Tartrier le jeune, le jour de la feste de la glorieuse Magdeleine, par sa fille qui, quirent leuvre, bailla en sa tasse pour lachevement du dict jube, sur sa promesse faicte, xl s.

Mons. nostre cure, maistre Jehan Coliney, pour quelque service qui luy fut fait par iceulx marregliers, bailla a leuvre et fabrique dicelle et pour ayder a lachevement du dict jube, xl s.

De Louys Lamy, fils feu Michelet Lamy, qui en icelle eglise a matines le jour veille de Noel sur le jube nouvellement lie chanta et dict levangille appellee la *grant lesson*, bailla pour parfaire icelluy jube, la somme de   x s.

De Guiot Hacquin, notaire et praticien a Troyes, lequel, a monsieur le lieutenant M° Jehan Bazin, bailla pour la dicte euvre et fabrique ung florin dor de   xxvii s. vi d.

— En la sepmaine du dimenche xxiiii octobre.   1512.

De Katherine Jehannette, pour trois grosses pieces de bois pour faire eschaffaulx pour les massons, lesquels vouloient monter les grosses pierres pour relier et joindre le dict jube, pour ce,   viii s. iiii d.

En la sepmaine du dimenche xxxi octobre.

A maistre Jehan Gailde, pour quatre jours et demy, pour ce,   xxviii s. i d.
A Guenin Madet, pour trois jours et demy,   xiii s. i d.
A Martin de Vaux, pour cinq jours,   xx s. x d.
A Nicolas le Mire, pour cinq jours,   xviii s. ix d.
A Guenin Bailly, pour ung jour,   iii s. iiii d.
A Nicolas Mauvoisin, pour cinq jours,   xviii s. ix d.

En la sepmaine du dimenche xi decembre.

Pour avoir baille a gouster a maistre Jehan Gailde, tous les massons et manouvriers, ensemble certains prestres et autres gens qui vindrent tant à ceste fois que autres pour ayder à monter les grosses pierres du jube, eurent deux douzaines *flannetz, trois pains blans* et *vin*, pour ce,   xv s. vi d.

A Nicolas Oudin, nouveau venu, pour six jours,   xviii s.

En la sepmaine du dimenche xx mars.

A Jehan Guobin, pour six jours,   xxii s. vi d.

En la sepmaine du dimenche xxvii mars.

A Claude Tassin, pour ung jour au dict pris,   iii s.
A Lye Gille, pour trois jours et demy,   x s.

En la sepmaine du dimenche le dernier jour de juillet.

A M. Jehan Gailde, qui en la dicte sepmaine na ouvre pour ce que il falut quil laissa icelle euvre pour faire la fortification des portes et murailles dicelle ville, pour ce   Neant.

A Nicolas Havelin, tailleur dymaiges, pour avoir taille les trois ymaiges en rondeaulx pour le devant du jube, a eu   v s.

ix^e somme de despence :   ii^c i l. iiii s. ii d.

Recepte faicte par iceulx marregliers a cause des dons et aulmosnes de la queste faicte parmy la paroisse, pour faire ediffier et achever le jube.

1513-1514.

Pour leffet des inconveniens survenuz quil a convenu faire en la ville de Troyes, tant es empruns boullevars, rempars, artillerie et autres missions de guerre servans a la tuicion et deffence de icelle ville na este faicte aucune charche ne queste en icelle paroisse.

Recepte faicte par les marregliers de la dicte eglise a cause des deniers venuz extra ordinairement et pour les vins des marchez qui se font lesquieulx on souloit boire a present satribue au proffit de leglise,   xiii l. ii d.

A Nicolas Guillemel, baille pour maistre Jehan Gailde, le xxii aoust, un carteron mastic, demye livre encens et deux onces cire blanche,   ix s.

En la sepmaine du dimenche xxvii daoust.

A Me Jehan Gailde, pour quatre jours et demy, xxviii s. i d.
A Martin de Vaux, pour cinq jours,   xx s.
A Claude Tassin, pour cinq jours,   xviii s. ix d.
A François Matray, pour cinq jours,   xviii s. ix d.

A Lye Gillet, pour ung jour, ɪɪɪ s. ɪx d.
ɪxᵉ somme de despence : ʟx l. xɪɪɪ s. ɪɪ d.

1514-1515

En la sepmaine commancant le xxxᵉ et dernier jour de septembre.

A Martin de Vaux qui na besongne en icelle sepmaine que par deux jours seullement et sen est alle besongne a S. Pierre, vɪɪɪ s. ɪɪɪɪ d.

A Francoys Michel, qui a besongne en icelle pour six jours, xxɪɪɪɪ s.

A Jehan Gaylde, qui a besongne pour neuf jours et demy durant deux sepmaines, ʟɪx s. ɪɪɪɪ d.

Somme de despence : vɪɪɪᶜ xvɪ l. xvɪɪ s. xɪ d.

1515-1516

En la sepmaine commancant le xvɪɪɪᵉ jour de novembre.

A Francois Michel, qui a besongne pour six jours, xx s.

A Huguenin Bailly, qui a este prins besongnant a S. Savine pour ayder a parachever le dict jube, xɪx s.

A Simon Mauroy, qui a este prins pour faire les escussons et armoiries estant au dict jube par devers le cueur, afin de despecher leuvre pour le jour de Noel, xɪɪɪ s. ɪɪɪɪ d.

A Gilet, menuysier demourant a Troyes, pour ung grant marchepied de huict trappans de large assis sur trois membrures par luy faict au jube de la dicte eglise pour asseoir les petites orgues qui ont este remises au dict jube, xv s. 27 janvier 1516.

A luy pour lhuys estant en la viz (1) du dict jube, ensemble les deux pepitres,

Somme de despence : xʟɪɪɪ l. vɪɪɪ s. vɪ d.

---

(1) *Viz*, escalier tournant en forme de vis.

Despence de massonnerie faicte au portail afin de rependre les portes neufves que lon a faictes.

En la sepmaine commançant le xiii⁰ jour davril 1516.

A François Odon, masson, prins par Jehan Gaylde pour besongne au dict ouvrage, pour six jours, xxii s. vi d.

A Jehan Humblet, aussi masson, pour cinq jours, xviii s. ix d.

A Jacques Julyot, tailleur dymaiges (1), demourant pres sainct Urbain, en la rue Moyenne, pour quatre petitz blocz de pierre de Tonnerre, pour le dict portail, lix li.

1517-1518

A Jehan Gailde, masson, pour avoir mis deux ymaiges, assavoir sainct Pierre et S. Michel, sur deux pilliers de la porte devers le cymetiere, aussi pour avoir espousse le jube pour le jour de Noel et aussi pareillement pour avoir refaict ung espy du dict jube, lequel avoit este rompu par ceulx qui ont tendu la tappisserye, xxx s.

A Nicolas Mauvoisin, pour ung pied de pierre de Tonnerre, pour refaire le dict espy du jube, iii s.

A Huguenin Bailly, pour avoir besongne cinq jours et demy, tant a avoir mis les dicts ymaiges que pour ayder a nettoyer le jube, xviii s. iiii d. (2)

---

(1) Jacques Juliot, célèbre sculpteur de Troyes, décora plusieurs églises du diocèse de Troyes, et fut enterré devant le chœur de l'église S. Urbain, dont il avait été marguillier.

(2) Archives de l'Aube, Registres 857, 858, 859, 860.

CONSÉCRATION DES AUTELS.

27 et 28 Juin 1519.

Le 26 juin 1519, les deux grosses cloches de l'église Sainte-Madeleine sonnent à grande volée, les petites sont *clicottées* en signe de réjouissance. Le lendemain, Monseigneur l'évêque de Troyes se rend à cette église suivi de l'official et de quelques chanoines, et consacre le maître-autel en l'honneur de sainte Madeleine. Après cette cérémonie, le prélat consacre cinq autels en l'honneur de saint Jean-Baptiste et de saint Christophe, de sainte Catherine, de saint Nicolas, de la bienheureuse Vierge Marie et de sainte Barbe. Le 28 juin, huit autels sont encore consacrés en l'honneur de saint Claude, de saint Thibault, de saint Thomas, martyr, de la bienheureuse Vierge Marie, de saint Antoine, de tous les saints, de saint Jean l'Evangéliste et de saint Michel. Des reliques de saint Urse sont déposées sous la pierre supérieure des autels, avec un parchemin constatant l'année et le jour de la consécration, le nom du consécrateur et celui de chaque saint ou de chaque sainte. Monseigneur Guillaume Parvi officie pontificalement et prêche sur le *mystère de la consécration*. Un an d'indulgences est accordé à ceux qui visiteront les autels le jour même de la consécration, et quarante jours seulement à ceux qui les visiteront chaque année le même jour.

Jean Gailde, l'habile sculpteur de sainte Madeleine, assista-t-il à cette solennelle consécration ? Les registres de l'année 1519 ne citent plus son nom. On lit dans les recettes de l'an 1520 :

« Pour un enfant de la veſve M° Jean Gailde, v s. »

Il est probable que Gailde mourut en 1519, et qu'il ne vit point cette imposante cérémonie. Les autels furent restaurés ou élevés par Martin de Vaux et Nicolas Mauvoisin.

Les paroissiens reconnaissants envoyèrent à Monseigneur quatre douzaines de serviettes à 70 sous la douzaine; les chanoines qui l'assistèrent reçurent 60 sous (1).

PIÈCE JUSTIFICATIVE.

Acte de la Consécration.

In nomine Domini. Amen. Per hoc presens publicum instrumentum cunctis pateat evidenter et sit notum quod anno ejusdem Domini millesimo quingentesimo decimo nono indictione septima mensis vero Junii diebus Lunæ et Martis vicesima septima et vicesima octava, pontificatus sanctissimi in Christo Patris et Domini nostri Domini Leonis, divina Providentia Papæ decimi anno septimo, in mei notarii publici subscripti testiumque infrà scriptorum ad hoc vocatorum specialiter et rogatorum presentia, personnaliter constitutus Reverendus in Christo pater et dominus dominus Guillermus Dei et sanctæ sedis apostolicæ gratia Trecensis episcopus in ecclesia B. M. Magdelena Trecensis altaria dictæ ecclesiæ inferius denominata cum solemnitatibus in talibus assuetis et requisitis rite et canonice consecravit. Primo videlicet die lunæ vicesima septima prædicti mensis Junii, — altare majus ejusdem ecclesiæ in honorem B. M. Magdalenæ, — aliud altare

---

(1) **Registre** 859.

in sinistro latere ejusdem majoris altaris in honore *BB. Joannis Baptistæ* et *Christophori*, — aliud altare etiam in sinistro latere dicti majoris altaris in honore *Sanctæ Catharinæ*. — Item aliud altare existens post seu retro dictum majus altare in honore *Sancti Nicolai*, — aliud altare in dextro latere ejusdem majoris altaris in honore *B. Virginis Mariæ*, — et aliud etiam in dextro latere dicti majoris altaris in honore *S. Barbaræ Virginis*.

Dicta vero die Martis vicesima octava dicti mensis Junii, alia octo altaria tàm in choro quàm navi ejusdem ecclesiæ existentia, primo altare *S. Claudii* in latere dextro navis dictæ ecclesiæ existens, secundo aliud altare in dextro latere hujusmodi navis existens in honore *B. Theobaldi confessoris*, tertio aliud altare in dextro latere sæpedicti chori existens in honore *B. Thomæ martyris*, quartum altare in dextro latere ejusdem navis in honore *B. Mariæ Virginis*, quintum altare etiam in sinistro latere navis præfatæ ecclesiæ existens in honore *S. Anthonii*, sextum altare in sinistro latere præfati chori existens in honore *Omnium Sanctorum*, septimum altare in sinistro latere dictæ navis existens in honore *S. Joannis Evangelistæ*, octavum etiam in sinistro latere dictæ navis existens in honore *S. Michaelis* consecravit.

Et reliquias S. Ursi martyris e societate decem millium martyrum in superiori lapide cujuslibet illorum altarium prænominatorum in quàdam capsà plumbeà cum tribus granis incensi et breviculo pergameneo continente annum et diem consecrationis hujusmodi, nomen consecratoris et nomen sancti aut sanctæ in cujus honore est altare consecratum, nec non indulgentias tam in die consecrationis quam etiam in anniversario die illius singulis annis per ipsum reverendum præfata altaria devotionis causâ visitantibus concessas et cujus reliquiæ ibi sunt inclusæ apposuit et inclusit lapideque et cemento cum calce foramina dictorum lapidum sigillavit. Quibus sic actis idem reverendus dicta die Martis missam in dicto altari majore celebravit et populo ibidem congregato verbum Dei præsertimque mysterium consecrationis hujusmodi enucleavit et declaravit, nec non visitantibus devotionis causa altaria præfata die consecrationis eorum unum annum et singulis annis simili die consecrationis hujusmodi quadraginta dies indulgentiarum in forma Ecclesiæ consueta concessit et indulsit.

De et super quibus omnibus et singulis præmissis honorabilis vir Petrus de Provins alter matriculariorum præfatæ ecclesiæ B. Mariæ Magdalenæ petiit a me notario publico subscripto sibi fieri atque tradi unum instrumentum publicum vel plura. Acta fuerunt hæc ubi supra, anno, indictione, mense, die et pontificatu prædictis, præsentibus ad hæc discretis viris dominis et magistris Felice Guillaume Petro Marinet, Guillermo Milard, presbyteris, testibus ad hæc vocatis atque rogatis.

Ego JOHANNES D'ORGE...., notarius juratus....(1)

---

(1) Carton 59, liasse 77.

INVENTAIRE

DES RELIQUAIRES, DES JOYAUX, DES LIVRES & DES ORNEMENTS

DU TRÉSOR

DE L'ÉGLISE SAINTE-MADELEINE.

1595.

Lan *mil cinq cens quatre-vingtz-quinze*, le jeudy douziesme jour du mois de janvier, a la poursuitte et requeste de noble homme maistre Jehan Roussel, advocat au baillage et siege presidial de Troyes, maistre Michel Guyot, procureur es dictz sieges, et Jheremye Michelin, marchant et bourgeois du dict Troyes, es noms et comme marregliers et proviseurs, avec noble homme maistre Symon le Boucherat, greffier de leslection du dict Troyes, de loeuvre et fabricque de leglise saincte Marye Magdalaine au dict Troyes, avec Jehan Cochot et Alain Balesaulx, notaires royaulx es dicts baillage et siege presidial, sommes transportez avec les dictz sieurs marregliers en la dicte esglise saincte Marye Magdalaine et au trezaur et revesture dicelle, ou illec a este par nous procedde a linventaire et description des reliquaires, joyaulx, linges, habitz, aornemens, et aultres choses du dict trezaur de la dicte eglise et des aultres meubles et aornements, appartenans a icelle qui se sont trouvez en la dicte eglise et hors le dict trezaur, en la presence de venerable discrette personne messire Pierre Dore, prestre clerc en la dicte eglise, maistre Estienne Royer, advocat et antien marreglier et advocat des heritiers de deffunct maistre Jehan Gobry, vivant sacriste et custos en la dicte eglise et aultres, le tout selon et ainsy qui sensuit.

Et premiers, au dict trezaur de la dicte esglise,

Fut trouve ung ymaige saincte Marye Magdalaine dargent dore, ayant ung chappeau de petites perles et a sa main dextre ung petit reliquaire sur lequel y a ung bouquet garny dune perle au bout, avec une petite maille de fil dargent, et a lautre main y a ung livre.

Ung ymaige de sainct Quirin dargent, tenant a main dextre une lance et a lautre main ung reliquaire garny dune espee avec ung petit collier de lordre sainct Michel, pose sur ung pied de cuivre.

Ung aultre ymaige de saincte Agnes dargent pose sur ung pied de cuivre dore, tenant a la main dextre une palme avec une croix dargent dore garnye de trois perles, et en lautre ung reliquaire enchasse en argent, et au bas du dict ymaige y a ung agneau aussy dargent.

Ung ymaige de cuivre dore de sainct Urse, garny dune espee, une lance et ung petit reliquaire dargent enchasse en fasson de cueur avec son pied.

Deux chandeliers dargent dore avec leurs estuictz de cuyvre.

Ung bras dung ymaige sainct Blaise estant en argent avec son pied a lenviron duquel y a quelques pierreryes, et au poulce deux petites bagues dargent avec ung reliquaire garny dun verre au milieu du dict bras.

Ung petit reliquaire en forme de chasse attache a deux pilliers estant dargent, avec le bas au devant duquel y a ung chappeau en forme despines, et ung petit tuyau en forme de cristal au milieu duquel y a de la saincte espine de la couronne de N. S., et au dessus du dict tuyau une petite perle et six anges es environs.

Ung petit reliquaire de cuivre dore ou il y a ung crucifiement avec une croix, et aux deux costelz deux ymaiges de N. D. et sainct Jehan, le tout dore comme dict est, et a lautre costel de la dicte croix une ymaige saincte Marye Magdalaine.

Ung aultre reliquaire de bois dore de la haulteur dung pied et demy, dedans lequel y a plusieurs reliquaires de plusieurs sainctz.

Ung chef sainct Loup de nom estant en bois, au devant duquel y a une pierre blanche de cristal.

Un ymaige sainct Quirin estant en bois, dedans lequel y a quelques reliques de sainct Quirin.

Une petite croix dargent dore sur laquelle y a une aultre petite croix avec neuf petites pierres aux quatre coings.

Une aultre croix de cuivre sur laquelle y a ung ymaige du crucifix dun costel avec trois pierres rouges.

Une couppe avec son couvescle de laitton dore, servant a porter Dieu aux malades, sur laquelle y a ung petit chappiteau, et au dessus dicelluy une croix en laquelle y a ung ymaige du crucifix dore, le tout de la haulteur dung pied et demy.

Une aultre couppe dargent dore propre a porter Dieu, qui est au ciboire de la dicte eglise.

Une petite layette de bois couverte de verre en partye, dedans laquelle y a des reliques et ossemens des mil martirs avec une bourse de soye en forme de cueur.

Une aultre layette de bois dedans laquelle sest trouve ung soleil dargent dore, auquel y a ung croissant et se ouvre le dict soleil pour mettre une grande hostie pour porter en procession.

. . . .

Ung petit coffret divoire en forme de bahu, dedans lequel

a este trouve deux petites fyolles de verre, cinq os de sainct Thomas, saint Paterne et aultres saints, lesquelz ont este remis es dictes fyolles dedans le dict coffret.

Une petite layette de bois denviron demy pied de long, dedans laquelle a este trouve ung ossement de sainct Quirin.

Ung petit ymaige de bois des Innocentz, dedans lequel y a des reliques.

Un corporallier ou il y a plusieurs pieces, crespes, houppes de soye.

Quatre potetz dargent, deux grands et deux petitz.

Ung reliquaire couvert dune feuille dargent qui se plye en trois.

Ung ensansoir dargent garny de ses chaisnes avec une nacelle dargent a pied, et y a en la part qui est couverte ung escusson armoirye.

Deux couppes dargent a pied et pommes dorez pour communier aux bons jours.

Deux calixes dargent dore avec les plattaines en la poignee de lun desquelz y a plusieurs petites ymaiges emaillez qui sont dix, et au pied ung crucifix et ung ecusson emaille, et en la plattaine y a ung ymaige de N. S., et au dehors celluy de la vierge Marye, le tout esmaille, dedans le pied duquel calixe sont escripts ces mots : Philippe Ravault.

Ung aultre calixe de cuivre dore avec sa plattaine.

Ung aultre calixe dargent dore avec sa plattaine, en laquelle y a plusieurs armoiryes, et au pied dicelluy ung ymaige de Dieu et de la Magdalaine, qui est le calixe es mains des vicaires.

Ung aultre calixe dargent avec sa plattaine.

. . . .

Une grande croix dargent dore de fin or, de la longueur de deux piedz ou environ, en laquelle y a ung crucifix enleve; plus aux quatre coings les quatre evangelistes, et au pied saincte Marye Magdalaine avec ung haut pied de bois dore faict de menuyserie.

Ung grand baston couvert dargent, servant a porter la dicte croix dargent.

Quatre baguettes de balayne, les boutz et millieu dicelles ferrees dargent.

Douze petitz potetz destain a mettre vin et eau pour la celebration des messes.

Ung grand anceau dargent, tenant environ six ou sept pinctes.

. . . .

Ung grand *Messel* couvert de velours rouge cramoisy dore sur les tranches, avec figures fermant a fermilletz dargent emaille ou sont les armoiryes des Mesgrigny pendans a des bendes de pareil velours...

Ung livre en parchemyn dore sur la tranchee, couvert de velours noyr ou sont les evangilles escriptes.

Deux messels en parchemyn, chacun de demye annee, couverts de noyr.

Une chazuble, deux tuniques, une chappe, deux colletz, ung manipulle de velours cramoisy, figure a fond dor, garny de fleurs offrois (1) de drap dor, figure de plusieurs ymaiges, le tout enveloppe en une nappe.

Une chasuble de drap dor fournye de ses paremens et une chappe aussy de drap dor fournye de ses paremens, de manipulle et estolle de drap dor.

Trois chappes, deux tuniques et une chazuble de damars (2) rouge, figure a fond dor.

Trois chappes, deux tuniques et une chazuble de da-

---

(1) *Offroi, orfray, orfroi*, broderie, relief sur une étoffe.
(2) *Damars*, damas, étoffe de soie ornée de dessins.

mars rouge, figure a vaze dor et oyseaux avec leurs offrois et garnitures.

Trois chappes, deux tuniques de damars blanc, figure, une chazuble fournye de leurs offrois et paremens.

Trois chappes, deux tuniques, une chazuble de velours violet cramoisy.

. . . .

Une chazuble, deux tuniques de satin jaulne, figure, garnyes de leurs offrois.

Une chazuble de bouccassin noyr, fournye de paremens blancs, servant au service des trespassez, ou il y a des testes de mortz.

Une aultre chazuble de velours violet, figure fort usee, avec ses paremens de satin rouge, ou il y a des roses dor avec son manipulle.

Une chazuble de camelot (1) rouge, garnye de ses paremens, estolle et manipulle, et dont lon sayde a la premiere messe.

Une chazuble de camelot bleud, garnye de ses paremens orange, manipulle, estolle et colletz, de laquelle on sayde a la derniere messe.

Une aultre chazuble de camelot unde orange, la croisee de satin semee de fleurs de liz, avec lestolle et manipulle daultres coulleurs.

Une aultre chazuble de satin de Bourges blanc, de laquelle lon chante a la messe de Nostre-Dame.

Une aultre chazuble doripeau (2) bien vielle, dont lon chante la messe sainct Quirin.

---

(1) Camelot, étoffe pure laine, mêlée quelquefois d'un peu de soie.

(2) Broderie en faux or, et par extension vieux vêtement dont l'or est passé.

Une aultre chazuble de satin de Bourges rouge, dont on chante la messe ordinaire.

Trois chappes, deux tuniques, une chazuble de velours noyr avec les paremens de satin blanc, avec leurs colletz, manipulle et estolle, et dont lon chante les messes des trespassez.

Ung grand parement de velours noyr, dedans lequel est listoire de Lazare, avec les manteletz aussy de velours noyr ou il y a des os et des testes de mortz qui servent pour tendre et parer le grand autel quand on chante pour les trespassez.

Ung poille de velours noyr, fourny dune grande croix de satin blanc avec un crucifiement de broderye, et dun ymaige saincte Marye Magdalaine, et plusieurs testes de mortz et larmes.

Ung parement de devant le grand autel estant le dict parement de taffetas blanc, figure de plusieurs sortes avec quatre ymaiges de la Magdalaine, N. S. et aultres.

Ung aultre parement de taffetas rouge, ouquel est ung ymaige de Jesus portant sa croix, faict de broderye et en icelluy sont escripts ces mots : *Ecce Homo* en lettres dor, et ung aultre petit tapiz de mesme estoffe avec lymaige de N. S. priant au jardin dOlivet.

. . . .

Item ung grand chappeau de neuf grandes rozes de grainz de perles et alentour desquelles y a aussy plusieurs petites perles qui pendent, et au milieu des dictes rozes y a des petites rozes de perles pour mettre sur la teste de la vierge aux bons jours.

Ung petit bonnet de velours violet, en forme de bonnet carre, borde de drap dor pour mettre sur la teste du petit Dieu.

Ung chassis ou chevallot a porter le *Corpus Domini* avec ses paremens, scavoyr le fond de velours rouge cramoisy, passementc de franges dor et soye avec le dessus de velours cramoisy brun a fond de satin et toille fassonne de soye, au milieu deux anges de broderye, au dedans et au dehors de satin rouge cramoisy passemente dor en lozange avec franges dor et de soye.

Ung petit coffre de bois dedans lequel sest trouve plusieurs livres lung contenant le service sainct Claude, ung aultre le service et legende sainct Roch, ung aultre en cahier de parchemyn servant a lextreme onction, ung aultre de la legende sainct Urse, ung aultre de la legende et service saincte Anne, ung aultre livre de la legende et service de sainct Joseph.

Deux aultres livres en grand volume nottez couvertz de cuir vert, que le dict Dore prestre a dict estre du dict sainct Sacrement, ung aultre livre en parchemyn de la legende et service de S. Quirin, et ung aultre livre en grand volume de parchemyn du service de saincte Magdalaine notte.

Six messelz tant grandz que petitz, ung aultre livre de parchemyn a ymage figurez contenant plusieurs oraisons, ung psaultier en parchemyn, ung cahier de papier ou est la passion N. S. J.-C.

Ung orillier de velours rouge ouquel est figure lassumption Nostre-Dame, faict en broderye.

Ung pend de damars blanc, ouquel y a quatre carreaux de satin rouge en chascun desquelz y a ung arbre avec armoiryes faict de broderye, servant a la benediction nuptialle.

Six serviettes ouvrees grandes, servant a communier les paroissiens.

. . . .

PAREMENS DHOSTELZ.

Se sont trouvees quatre pieces de trippes de velours figure lune rouge et les trois aultres verd, servant à mettre sur les hostelz de sainct Antoine, saincte Anne, sainct Luppien et sainct Blaise.

Ung aultre dessus et devant dhostel servant a lhostel saint Eloy, auquel il y a un sainct Laurent.

. . . .

Ung aultre parement servant a lhostel sainct Quirin, estant de tapisserye, auquel est painct les ymaiges sainct Quirin, saincte Magdalaine, et le dessus de tapisserye de poil.

. . . .

Ung devant et ung dessus de camelot bleud et jaulne, et le devant auquel y a ung ymaige sainct Claude servant a lhostel sainct Jehan.

. . . .

A lhostel de sainct Thibault, ung devant de satin de Bourges auquel y a ung crucifiement et estoilles avec le dessus de jaulne.... et au milieu ung soleil.

A lhostel sainct Thomas, ung dessus estant de jaulne et blanc, de fleurs et oyseaux, et le devant de tappisserye auquel y a un ymaige sainct Claude.

Deux petites pieces de tappisserye en lune desquelles est lhistoire de sainct....., crucifiement avec les ymaiges de sainct Michel et saincte Barbe.

Une piece de tapisserie telle quelle, en laquelle est paincte lhistoire de saincte Marye Magdalaine et deux tappiz de drap verd a mettre sur le bureau des marregliers les festes et dymanches, et ung de drap noyr, quatre grandes pieces de drap a tapisser leglise en deul (1), sont en la possession de Jehan Rigot, sonneur.

Deux grands livres nottez couvertz de noyr, lun dung temps et laultre de laultre.

---

(1) *Deul,* deuil.

Deux aultres aussi nottez servant aux matines, tant en yver quen este.

Deux autres aussi nottez pour les haultes messes, lung pour le dimanche et laultre aux festes des saintz.

Ung aultre livre ou sont les espistres de lannee.

Ung aultre livre, tant escript que notte, servant lors quon faict leaue beniste et les vigiles des trespassez.

Cinq petitz livres nottez servans a porter aux processions.

Deux breviaires servant aux deux temps, deux psaultiers servant a matines et heures canonnialles, deux aultres livres ou sont contenues les legendes dun des sainctz couvert de blanc, et laultre servant de legende pour le temps, couvert de noyr (1).

---

(1) *Archives de l'Aube,* liasse 78, carton 60.

FONDATION

De l'Office divin, des Messes hautes, des Messes basses, Anniversaires, Vêpres du soir, *Gaude,* Prédications et Aumônes,

DANS L'ÉGLISE PAROISSIALE

Ste-MARIE-MADELEINE DE TROYES.

1676.

Les marguilliers *Desmares, Sorel, Le Cointe* et *Rigolé,* rédigent, en 1676, le cahier contenant la fondation de *l'office divin, des messes haultes, des messes basses, anniversaires, vespres du soir, gaudez, prédications et aumosnes qui se font par chascun jour dans l'eglise paroissiale S. Marie Magdeleine.* Ce cahier, imprimé sur vélin, chez Nicolas Oudot, *ruë Nostre Dame,* se compose de 48 pages in-4° (1). Les marguilliers le publient pour prouver que *l'eglise a toujours satisfait à la piété des fondateurs,* et pour exciter les paroissiens à suivre l'exemple de leurs

---

(1) Je ne connais que l'exemplaire de la bibliothèque de Troyes. Il est probable que ce cahier ne fut tiré qu'à quelques exemplaires destinés aux marguilliers et aux prêtres de l'église Sainte-Madeleine. Grosley le cite dans sa notice biographique sur *F. Desmarest* et le recommande, parce qu'il contient de nombreux enseignements sur plusieurs familles.

aïeux, car l'eglise n'a que 2200 livres, et *pour contribuer au supplément de 1500 livres, elle n'a que les questes du dimanche et les droits mortuaires.* Le recueil de *Desmares* comprend dix chapitres.

1. FONDATION DE L'OFFICE DIVIN.

Les matines, laudes, prime, tierce, sexte, none, vêpres et complies ont été fondées par Odard Hennequin, évêque de Troyes, qui a laissé 600 livres, 1503.

L'*Ave Maria*, qui se récite au commencement des heures canoniales, a été fondé par Me Bonaventure Dampierre, notaire royal à Troyes, 1637.

L'hymne *inviolata*, qui se dit chaque jour à la fin de tierce, a été fondée par Jeanne de Sarre, femme de François de la Garmoize, 1464.

Le *salve regina*, qui se dit tous les soirs devant l'autel Notre-Dame, a été fondé par Guy le Flament, 1373.

2. MESSES HAUTES DONT MONSIEUR LE CURÉ EST CHARGÉ.

Par sentence de la cour des requêtes du palais de Paris, du 28 avril 1467, les marguilliers de Sainte-Madeleine peuvent exiger que Monsieur le curé dise ou fasse célébrer chaque jour trois grandes messes *à notte* : la première, appelée la messe paroissiale, au grand autel ; la seconde, appelée la messe Notre-Dame, à l'autel Notre-Dame, et la troisième, appelée la grande messe, au grand autel.

3. TABLE DES FÊTES SOLENNELLES, VÊPRES DU SOIR, ANNIVERSAIRES ET GAUDE, FONDÉS EN L'ÉGLISE S. MARIE MAGDELEINE, PAR ORDRE DES MOIS.

Janvier.

Le premier mercredi de ce mois, la messe solennelle du

nom de Jesus, avec les *recommandises* sur la sepulture de M° Sebastien, le clerc sacristain près l'autel de la communion. Le premier jeudi, messe solennelle du Saint-Sacrement, avec procession, aux frais de la confrairie, et vespres du Saint-Sacrement, sans procession, fondées par M° Denis le Virlois, procureur au bailliage et présidial de Troyes. A la fin des dites vespres, le *libera* et les recommandises sur sa sepulture devant l'autel S. Joseph.

Le premier vendredy des six premiers mois, messe solennelle de la Croix, fondée par Anne Viard, femme de Jacques Suriot. A la fin de la messe se doit dire le *de profundis*, le *libera* et les collectes accoutumées sur la sepulture du dit Suriot et de la dite Viard, proche l'autel S. Anthoine.

Pareille messe le premier vendredy des six derniers mois, avec les mêmes cérémonies, fondée par Anne Mathieu, veuve de Barthelemy Fessart, inhumée proche l'autel S. Anthoine.

Le 1 janvier, vespres du S. Sacrement, avec procession, fondées par Nicolas Candeau, chanoine de S. Estienne, inhumé proche l'autel S. Claude.

Le 2, anniversaire pour le sieur Candeau.

Le 3, pour demoiselle Marie de Villeprouvée, femme de Pierre Potherat, élu à Troyes, inhumée proche l'autel S. Sebastien.

Le 4, pour Guillemette Amant, femme de Nicolas Bourcier, inhumée proche l'autel S. Louys.

Le 7, pour damoiselle Françoise Lignage, femme de Christophe Lefebvre, escuyer, seigneur de Sompsois, inhumée dans une cave proche la grande porte du cueur.

Le 11, pour Louys le Grand, conseiller du Roy au bailliage et présidial de Troyes, **inhumé dans la chapelle S. Blaise.**

Le 15, pour M° Sebastien le clerc, sacristain de la dite eglise, inhumé proche l'autel de la communion.

Le 17, vespres du S. Sacrement, avec procession, fondées par Antoinette Nicolas, femme de Jean Milley, inhumée au devant de l'autel S. Claude.

Le 18, un anniversaire pour la dite Antoinette.

Le 19, pour M⁰ Joseph Maurice, curé de la dite eglise, inhumé dans la chapelle S.-Blaise.

Le 22, pour Philippe Branche, inhumé dans la nef proche la chaire, devant l'image de la Vierge.

Le 25, pour Antoine Allen, conseiller du Roy au bailliage et présidial de Troyes, damoiselle Nicolle de Hault, sa femme.

Février.

Le premier mercredy, la messe du nom de Jesus.

Le premier jeudy, la messe et les vespres du S.-Sacrement.

Le premier vendredy, la messe de la Croix.

Le second jour, feste de la Purification de la Vierge, yssue des vespres, un *gaude* fondé par M⁰ Philippe Belin, lieutenant particulier au bailliage et présidial de Troyes, comme exécuteur du testament de damoiselle Catherine Boucher, sa femme.

Le même jour, vespres du S.-Sacrement, fondées par Anne Berthelin, fille de Nicolas Berthelin.

Le 3, anniversaire pour la dite Anne.

Le 8, pour M⁰ Claude Bouvet, pretre de la dite eglise, inhumé proche le pillier du cueur, audevant de la chapelle S.-Barbe.

Le 14, pour M⁰ Jean Lasnier, pretre sacristain inhumé proche la chapelle S.-Thomas.

Mars.

Le premier mercredy, la messe du nom de Jesus.

Le premier jeudy, la messe et les vespres du S.-Sacrement.

Le premier vendredy, la messe de la Croix.

Le 7, anniversaire pour François Felix, escuyer inhumé proche la sacristie.

Le 17, feste solennelle de S.-Joseph, comme le jour de Pâques, fondée par Jacques Colinet, bourgeois de Troyes, inhumé devant l'autel S.-Nicolas.

Le même jour, vespres du S.-Sacrement, sans procession, fondées par Marie Béranger, inhumée devant l'autel S.-Antoine.

Le 21, anniversaire pour le dit sieur Colinet.

Le même jour, pour la dite Marie Béranger.

Le 23, pour Marguerite Debarry, inhumée proche le benoistier.

Le 25, jour de l'Annonciation, yssue des vespres, un *gaude* fondé par M⁰ Philippe Belin, lieutenant particulier au bailliage de Troyes.

Le même jour, vespres du Saint-Sacrement, avec procession fondées par M⁰ Pierre Camuzat, clerc de la dite eglise, inhumé dans le cueur proche l'aigle, à main gauche.

Avril.

Le premier mercredy, la messe du nom de Jesus.

Le premier jeudy, la messe du S.-Sacrement.

Le premier vendredy, la messe de la Croix.

Le 1, anniversaire pour Elisabeth Paillot, femme de Hierosme Amant, inhumée devant l'autel N.-D.

Le 2, pour Izabeau de Laulne, femme de Pierre Lentier.

Le 3, pour Estienne Herault, escuyer.

Le 4, pour la femme du dit Herault.

Le 5, pour Guy le Flament.

Le 6, pour Guillemette, femme du dit le Flament.

Le dimanche suivant le 16 de ce mois, un anniversaire à *notte*, fondé par Jacquette Pucelle, femme de Jean la

Fille, procureur à Troyes, inhumée devant l'autel Notre-Dame.

May.

Le premier mercredy, la messe du nom de Jesus.

Le premier jeudy, la messe et les vêpres du S.-Sacrement.

Le premier vendredy, la messe de la Croix.

Le 8, anniversaire pour Felizon, femme de Guillaume Christophe.

Le 9, jour de feste de S. Nicolas, vespres du S. Sacrement, fondées par Nicolas Gallois, huissier, inhumé devant l'autel S.-Claude.

Le 10, anniversaire pour le dit Gallois.

Le 22, trois messes hautes, la première *du S.-Esprit*, la seconde *de la Vierge*, la troisième *des Trespassez*, fondées par Simon Liboron, escuyer, Seigneur de Viaspres, inhumé devant l'autel S. Louys.

Le 28, un anniversaire pour M⁰ Simon Liboron, procureur du Roy à Troyes, inhumé devant l'autel S.-Louys.

Le 29, pour damoiselle Henriette Mauroy, femme du dit sieur Liboron, inhumée devant l'autel S.-Louys.

Le 31, pour damoiselle Louyse Martin, femme de Mᶜ Edme Lemire, avocat, inhumée devant l'autel S.-Louys.

Juin.

Le premier mercredy, la messe du Nom-de-Jésus.

Le premier jeudy, la messe du S.-Sacrement.

Le premier vendredy, la messe de la Croix.

Le 6, jour de feste S.-Claude, vespres du S.-Sacrement, avec procession, fondées par Marie Roussel, femme de Mᶜ Claude Belin, docteur en médecine, inhumée devant l'autel S.-Lupien.

Le dimanche de l'octave de S.-Claude, vespres du S.-Sacrement, fondées par Mᶜ Claude Bouvot, prêtre de la dite église, inhumé proche le pillier du cueur devant la chapelle Ste-Barbe.

Le 7, un anniversaire pour Marie Roussel, femme de Me Claude Belin, docteur en médecine, inhumée devant l'autel S.-Lupien.

Le 24, jour de feste S.-Jean-Baptiste, vespres du S.-Sacrement, avec procession, fondées par Catherine de Vitel, femme de Me Hubert Champy, inhumée proche le pillier devant la sacristie.

Le dimanche précédent ou suivant la feste S.-Jean, un *Gaude* à sept heures du soir, fondé par M. Jean le Mercier, prêtre de la dite église, inhumé proche le bureau des marguilliers. La grosse cloche doit être sonnée depuis six heures et demie jusqu'à sept heures, et pendant le *Gaude*, toutes les cloches.

Le lendemain, anniversaire pour le dit Le Mercier.

Le 25, un anniversaire pour Pierre Le Courtois, escuyer conseiller du Roy au présidial de Troyes, inhumé devant l'autel S.-Nicolas.

Le 29, vespres du S.-Sacrement, avec procession, fondées par le dit sieur Le Courtois.

Juillet.

Le premier mercredy, la messe du Nom-de-Jésus.

Le premier jeudy, la messe et les vespres du S.-Sacrement.

Le premier vendredy, la messe de la Croix.

Le 2, feste solennelle de la Visitation fondée par M. Anthoine de Hault, prêtre.

Le même jour, complies fondées par Elisabeth Millot, femme de Baptiste Thienot, et ensuite un *Gaude*.

Le 4, un anniversaire pour la mère de Me Claude Bouvot, prêtre, inhumée proche le pillier du cueur qui est devant la chapelle Ste-Barbe.

Le second lundy de ce mois, un anniversaire pour Mᵉ Anthoine Vautherin, chantre en l'église S.-Estienne, inhumé proche la chapelle S.-Blaise.

Le 17, jour de la feste S.-Alexis, vespres du S.-Sacrement fondées par Alexis Perrin, fille, inhumée devant l'autel S.-Jean.

Le 20, jour de la feste Sᵗᵉ-Marguerite, vespres du S.-Sacrement, fondées par Marguerite Crespin, inhumée proche la chapelle S.-Thomas.

Le 21, un anniversaire pour la dite Crespin.

Le 22, jour de la feste Sᵗᵉ-Magdeleine, vespres de la Vierge fondées par Mᵉ Nicolas Yon, vicaire de la dite église, inhumé proche la porte de la rue du Bois.

Le 25, un anniversaire fondé par Anne de la Croix.

Le 26, messe solennelle de Sᵗᵉ-Anne, à l'autel de ce nom, fondée par Claude Nicot, inhumé proche ledit autel.

Le même jour, vespres de la Vierge fondées par Mᵉ Louys Martin, lieutenant particulier au bailliage et présidial de Troyes, inhumé devant l'autel S.-Lupien.

Le 27, un anniversaire pour le dit sieur Martin et sa femme.

Le dimanche de l'octave de la feste Sᵗᵉ-Magdeleine, vespres du S.-Sacrement, sans procession, fondées par Magdeleine Le Grin, inhumée proche la chapelle Sᵗᵉ-Barbe.

Le lendemain, un anniversaire pour la dite Le Grin.

Le 31, pour Mᵉ Pierre Marinet, prêtre.

Août.

Le premier mercredy, la messe du Nom-de-Jésus.

Le premier jeudy, la messe et les vespres du S.-Sacrement.

Le premier vendredy, la messe de la Croix.

Le 15, yssue des vespres, un *Gaude* fondé par Mᵉ Philippe Belin, lieutenant particulier au bailliage et présidial de Troyes.

Le même jour, vespres de la Vierge fondées par Jacques Angenoust, trésorier des pouldres et salpêtres, inhumé devant l'autel S.-Louys.

Le 16, vespres du S.-Sacrement, avec procession, fondées par Anne Mathieu, vefve de Berthelemy Fessard, inhumée devant l'autel S.-Antoine.

Le 17, vespres du S.-Sacrement, sans procession, fondées par damoiselle Perrette Chisallot.

Le 18, un anniversaire pour la dite Chisallot, inhumée dans une cave devant l'autel S.-Louys.

Le même jour, vespres du S.-Sacrement, avec procession, fondées par Magdeleine Salomon.

Le 19, un anniversaire pour la dite Salomon.

Le même jour, vespres du S.-Sacrement, sans procession, fondées par Estiennette Guillaume, femme de M⁰ Jean Picquet, notaire, inhumée devant l'autel S.-Claude.

Septembre.

Le premier mercredy, la messe du Nom-de-Jésus.

Le premier jeudy, la messe et les vespres du S.-Sacrement.

Le premier vendredy, la messe de la Croix.

Le 8, feste de la Nativité de la Vierge, un *Gaude*, yssue des vespres, fondé par M⁰ Philippe Belin, lieutenant particulier au bailliage et présidial de Troyes.

Le même jour, un autre *Gaude* pour M⁰ Simon Chevrier, inhumé au dessous de la chaire.

Le même jour, vespres de la Vierge fondées par M⁰ Louys Martin, lieutenant particulier au bailliage et présidial de Troyes, et damoiselle Anne Millot, sa femme.

Le 9, un anniversaire pour le sieur Martin et la dite Millot.

— 72 —

Le lundy suivant la feste de la Nativité de la Vierge, un anniversaire pour Anne Rousseau.

Le lundy précédent la feste de la Croix, un anniversaire pour Mᵉ Nicolas Yon, vicaire de la dicte église.

Le 12, un anniversaire pour damoiselle Anne de Villeprouvée, femme de Louys Dautruy, controlleur au grenier à sel de Troyes, inhumée proche la sacristie, avec un *Gaude* à l'orgue.

Le 14, jour de feste de Sᵗᵉ-Croix, vespres du S.-Sacrement, avec procession, fondées par Claude Bourgeois, apothicaire, et Françoise Rochette, pour les parents de la dite Rochette, inhumez proche la grande porte du cimetière.

Le 15, un anniversaire pour les parents de la dite Rochette.

Le 27, un anniversaire pour Mᵉ Denis Gombault, prêtre habitué et clerc de la dite église, inhumé dans le cœur sous l'aigle, lequel a légué ses ornements, calice, burettes, bassin et boîte d'argent.

Le 31, pour damoiselle Nicolle Pion, femme de Claude de Salins.

Octobre.

Le premier mercredy, la messe du Nom-de-Jésus.

Le premier jeudy, la messe et les vespres du S.-Sacrement.

Le premier vendredy, la messe de la Croix.

Le lundy suivant, le premier dimanche de ce mois, un anniversaire pour damoiselle Martine Clément, femme de Guillaume Brodas, receveur des tailles en l'élection de Troyes, inhumée proche la sacristie.

Le 10, jour de feste de sainte Tanche, messe solennelle du S.-Sacrement fondée par Mᵉ Nicolas Laboureur, notaire royal à Troyes.

Le 11, un anniversaire pour le dit Laboureur.

Le lundy plus proche du 24, un anniversaire pour Guillemette Amant, vefve de Nicolas Bourcier, inhumée devant l'autel Nostre-Dame.

Le 17, un anniversaire pour M. Denis Le Virlois, procureur, inhumé devant l'autel de la chapelle S.-Joseph.

Novembre.

Le premier mercredy, la messe du Nom-de-Jésus.

Le premier jeudy, la messe et les vespres du S.-Sacrement.

Le premier vendredy, la messe de la Croix.

Le jour de la Toussaints, yssue des complies, trois *Miserere, De profundis* et *Libera* sur les sépultures de M° Jacques Angenoust, trésorier des pouldres, de M. Jean Bazin, procureur, et de François Féloix, escuyer.

Le premier lundy suivant la feste de Toussaints, un anniversaire pour Edme Mérille, docteur en droit et professeur en l'Université de Bourges, et pour ses parents, inhumez proche le pillier qui est devant l'autel Notre-Dame.

Le mardy, pour Claude Bonneville, inhumé proche l'autel S.-Louys.

Le 12, pour M° Jean Thevenin, et Agnès Bonjean, sa femme, inhumez devant l'autel S.-Antoine.

Le 19, vespres du S.-Sacrement fondées par Judith Savois, femme de Nicolas Gallois, huissier, inhumée devant l'autel S.-Claude.

Le 21, feste solennelle de la Présentation de la Vierge et un *Gaude* à la fin des dernières vespres, fondez par Marie Savetier, inhumée à l'entrée de l'église.

Le même jour, vespres du S.-Sacrement fondées par damoiselle Riglet, femme de M° Claude Belin, docteur en médecine, inhumée devant l'autel S.-Lupien.

Le 22, un anniversaire pour la dite Riglet.

Le dimanche précédent l'Advent, jour de la solennité de la Dédicace de l'église, yssue des vespres, un *Gaude* fondé par Jeannette Gombault, vefve de Jean Griveau, inhumée devant l'autel S.-Nicolas.

Le même jour, vespres du S.-Sacrement, avec procession, fondées par M° Jean Lasnier, prêtre sacristain de la dite église, inhumé au devant de la chapelle S.-Thomas.

Le lundy, un anniversaire pour le dit Lasnier.

Décembre.

Le premier mercredy, la messe du Nom-de-Jésus.

Le premier jeudy, la messe et les vespres du S.-Sacrement.

Le premier vendredy, la messe de la Croix.

Le premier dimanche de l'Advent, un *Gaude*, dans le chœur, fondé par M° François Chappuis, procureur, inhumé dans le dit cueur, proche la place de M. le curé.

Le même jour, vespres du S.-Sacrement, avec procession, fondées par damoiselle Anne de Villeprouvée.

Le 8, feste de la Conception de la Vierge, un *Gaude* fondé par M° Philippe Belin.

Le même jour, vespres du S.-Sacrement, avec procession, fondées par damoiselle Simonne Denize, femme de M° Edme Gouault, advocat, inhumée dans le chœur proche l'aigle, à main gauche.

Le 9, anniversaire pour la dite Denize.

Le 15, pour damoiselle Elisabeth Denize, femme de M° Denis le Virlois, procureur, inhumée dans la chapelle S.-Joseph.

Le lundy suivant le troisième dimanche de l'Advent, un anniversaire pour Nicolas Fay, proche le bureau des marguilliers.

Le mardy, pour M° Jean Clément, lieutenant-général à Troyes, inhumé devant l'autel S.-Louys.

Le mercredy, pour damoiselle Louyse Ravault, femme de Jean Bazin, escuyer, procureur du Roy à Troyes, inhumée devant l'autel S.-Claude.

Le 22, pour M° Nicolas Candeau, chanoine de S.-Estienne, inhumé proche l'autel S.-Claude.

Le dimanche précédent le jour de Noël, un *Gaude* pour le dit Candeau, yssue des vespres.

Le 29, un anniversaire pour M° Louys Bareton, procureur.

TABLE DES VESPRES DU SOIR, GAUDEZ ET ANNIVERSAIRES QUI SE FONT AUX JOURS ET FESTES MOBILES.

Le dimanche de chascun des Quatre-Temps de l'année, vigilles et, le lendemain, service des Trespassez pour Nicolas Fay et Isabeau Monnot, sa femme, inhumez proche le bureau des Marguilliers.

Les quatre premiers dimanches de Caresme, yssue des vespres, un *Gaude* fondé par la vefve Hierosme Blanchard, inhumée devant l'autel S.-Claude.

Le premier lundy de Caresme, un anniversaire pour Pierre Drouot, inhumé proche l'autel S.-Sébastien.

Le dimanche de la Passion, vespres et, à la fin d'icelles, *O Crux, ave!* devant le jubé, fondées par M° Anthoine Vautherin, chantre et chanoine de l'église S.-Estienne.

Le lundy de la semaine de la Passion, un anniversaire pour le dit sieur Vautherin.

Le mardy, pour Claude Bonneville, inhumé proche l'autel S.-Louis.

Le lundy de la grande semaine, pour damoiselle Louise Ravault, femme de M° Jean Bazin, procureur du Roy à Troyes, inhumée devant l'autel S.-Claude.

Le jour de Pasques, vespres de la Vierge fondées par Jacques Angenoust.

Le jour de Quasimodo, vespres du jour fondées par Pierre Fay, nepveu de Nicolas Fay, inhumé proche le bureau.

Le lundy de la Quasimodo, un anniversaire pour le dit Pierre Fay.

Le second dimanche après Pasques, jour de la solennité de la Translation des reliques de Ste-Magdeleine, vespres du S.-Sacrement fondées par M. François Gallois, prêtre clerc, de la dite église, inhumé proche la porte de la rue du Bois.

Le lendemain, un anniversaire pour ledit Me François Gallois.

Le jour de l'Ascension, vespres du soir fondées par damoiselle Louyse Ravault, femme de Me Jean Bazin, escuyer procureur du Roy à Troyes, inhumé devant l'autel S.-Claude.

Le mardy des Quatre-Temps de la Pentecote, un anniversaire pour damoiselle Perrette Du Chesne, femme de Jean Hennequin.

Le jour de la Pentecote, vespres de la Vierge fondées par Me Jacques Angenoust.

Le jour de la Trinité, yssue des vespres, un *Gaude* fondé par Jeannette Gombault, vefve de Jean Griveau, inhumée dans le cueur proche la place de M. le curé.

Le lendemain, un anniversaire pour la dite Jeannette Gombault.

Le même jour de la Trinité, un autre *Gaude* fondé par Françoise Morel, femme de Me Denis Griveau, procureur.

Le mardy de la feste de la Trinité, un anniversaire pour la dite Françoise Morel.

Le dit jour de la Trinité, vespres du soir fondées par damoiselle Louyse Ravault, vefve de Jean Bazin, procureur, inhumée devant l'autel S.-Claude.

Pendant l'octave de la feste du S.-Sacrement, vespres

du S.-Sacrement, avec procession, fondées par Marie Nicot, femme de Raphaël Jacquot, inhumée devant l'autel S.-Antoine, et, à la fin, les recommandises sur sa sépulture.

Le lundy après l'octave de la feste du S.-Sacrement, un anniversaire pour la dite Marie Nicot.

TABLE DES MESSES BASSES.

La première messe se dit par chascun jour en esté à cinq heures et demye, et en hyver à six heures.

Le dimanche, pour Pierre Drouot, notaire royal, et Guillemette Millon, sa femme, inhumez proche l'autel S.-Sébastien.

Le lundy, pour damoiselle Germaine Martin, femme de M⁰ Bonaventure Bailly, advocat en Parlement.

Le mardy, pour Guillemette Amant, femme de Nicolas Bourcier, inhumée devant l'autel Notre-Dame.

Le mercredy, pour les dits Pierre Drouot, notaire, et Guillemette Millon, sa femme.

Le jeudy, pour la dite Germaine Martin.

Le vendredy, pour les dits Pierre Drouot et Guillemette Millon.

Le samedy, pour Jean Fanquier.

La messe quotidienne fondée par Nicolas Fay et Isabeau Monnot, sa femme, inhumez dans une cave proche le bureau des marguilliers, et se doit sonner vingt-quatre coups sur la cloche qui sert à l'horloge.

La messe quotidienne fondée par les cy-après nommez se doit dire à neuf heures et sonner comme la messe Fay.

Le premier dimanche de chascun mois, pour Marguerite de Barry, fille.

Les autres dimanches de chascun mois, pour Antoine Allen, conseiller du Roy au bailliage et présidial, damoiselle Nicole de Hault, sa femme; Nicolas Allen, conseiller du Roy; damoiselle Catherine Allen, femme de Jean Angenoust; Claude Desmares, advocat; damoiselle Louise Allen, sa femme; Bernard Desmares, ecclésiastique; François Desmares, advocat; damoiselle Françoise Huez, sa femme; et leurs ascendants, dont la sépulture est dans la chapelle Ste-Barbe.

Le lundy, pour Jean Sangette, escuyer, et damoiselle Jacqueline, sa femme, inhumez dans la chapelle Saint-Blaise.

Le premier mardy de chascun mois, pour Anne Madais, femme d'Edme Fournier.

Les autres mardis, la dite messe se célébrera pour les bienfaiteurs de l'église ci-après nommez :

Jean Sangette et Jacqueline, sa femme; — la femme de François Estienne; — la femme de Guillaume Antoine; — Pierrette, femme de Nicolas Dauricard, orfèvre; — Colin du Monstier; — Jeanne, femme de Jacquemard; — Jean Mauroy; — Guyot le Faucheur; — Nicolas de Premierfaict; — Julien Maillefert; — Jean Girart; — Nicolas, bailly d'Origny; — Noble homme Me Jacques Nivelle, conseiller du Roy, inhumé dans le cimetière, devant la chapelle de Bethléem, et damoiselle Marie le Courtois, sa femme; — damoiselle Geneviève Laurent, vefve de Nicolas Paillot, escuyer, seigneur de la Chapelle-Saint-Luc, inhumée dans la chapelle S.-Thomas; — Martin Angelin; — Christine Boucherat; — Me Jean Trode; — Jean de la Grève.

Le mercredy, pour Me Jean Lasnier, prêtre sacristain de la dite église.

Le jeudy, pour François Feloix, escuyer.

Le vendredy, pour Me Jean Picquet, notaire.

Le samedy, pour Claude Cornuel, secrétaire du Roy.

La messe quotidienne fondée par Jean Naget et Nicolle,

sa femme, inhumez dans la chapelle S.-Thomas, se doit dire à dix heures.

TABLE DES MESSES BASSES FONDÉES A CERTAINS JOURS DE L'ANNÉE.

Le 25 de chascun mois, une messe à l'honneur de l'enfance de Jésus, fondée par Marie Gallois, fille.

Le lendemain de Pasques, Pentecote, Toussaints et Noël, une messe fondée par Catherine Clément, femme de Nicolas Barnay, inhumée dans la chapelle S.-Thomas.

Janvier.

Le premier jour de janvier, pour Jean Bazin, escuyer procureur du Roy, et damoiselle Louyse Ravault, sa femme, inhumez devant l'autel S.-Claude.

Le 13, pour M° Guillaume Maurice, procureur à Troyes, inhumé devant l'autel Notre-Dame.

Le 26, une messe basse pour M° Edme Cochot, procureur, inhumé proche l'autel Ste-Anne.

Avril.

Le 7 avril, une messe basse pour damoiselle Perrette Chiffallot, inhumée proche l'autel S.-Louys.

Le 8, le 9 et le 10, pour la dite Chiffallot.

Juin.

Le 7 juin, pour Edme Cochot, procureur, inhumé proche Ste-Anne.

Le 24, pour le dit Cochot,

Juillet.

Le 23 juillet, pour Bonaventure le Maistre, femme de M° Guillaume Maurice, procureur, inhumée devant l'autel Notre-Dame.

Le 25 juillet, pour M⁰ Jean Collot, élu à Troyes, inhumé proche l'autel S.-Claude.

Le 26 et le 27, pour le dit Collot.

Le 28, pour Claude Nicot, inhumé proche l'autel Ste-Anne.

Novembre.

Le 2, pour Jean Bazin, escuyer procureur du Roy, et damoiselle Louyse Ravault, sa femme.

Le 16, pour M⁰ Edme Cochot, procureur.

PRÉDICATIONS.

Le *dominical* a été fondé par Monsieur Hennequin, en 1547, lequel a laissé 200 livres, pour quoy on payoit au prédicateur 10 livres par an.

L'*advent* et le *caresme* a esté fondé par M⁰ Claude Jacquot, prevost de Troyes, inhumé dans la chapelle Ste-Barbe, lequel a laissé 75 livres de rente : 25 pour l'advent et 50 pour le caresme.

L'octave du S.-Sacrement.

L'octave de l'Assomption de la Vierge est fondé par damoiselle Elisabeth de Vienne, vefve de Claude Angenoust, escuyer, conseiller du Roy, élu à Troyes.

Par transaction passée entre M⁰ Hugues Marmier, curé de la Magdeleine, et les paroissiens, en 1535, le curé doit fournir à ses frais un prédicateur le jour de Pentecote, de la feste du S.-Sacrement, de la Magdeleine, de l'Assomption, de la Nativité de la Vierge, de Toussaints, de Noël, de la Purification.

Tous les dimanches, yssue des vespres, catéchisme fondé par M⁰ Claude de Corberon, conseiller secrétaire du Roy.

AUMOSNES QUI SE FONT AUX PAUVRES DE LA PAROISSE.

Nicolas Fay et Izabeau Monnot, sa femme, ont légué à la fabrique 1500 livres pour acheter à perpétuité 4 boisseaux de froment par chacune semaine, qui seroient convertis en petits pains quartiers pour être distribuez par chacun dimanche aux pauvres de la paroisse, yssue de la grande messe.

Pierre Fay, nepveu de Nicolas, a donné par forme de supplément 34 livres de rentes.

Outre la dite aumosne, les dits Fay et sa femme ont obligé la fabrique de fournir, à chacun des anniversaires, la quantité de 20 pains blancs pour être distribuez, sçavoir : deux aux deux marguilliers qui font la récepte du revenu de la fabrique, un au sacristain, un au sonneur et le reste converty en petits quartiers, pour être distribuez par les marguilliers, devant le portail de l'église, aux pauvres mendians.

Le dimanche de Quasimodo, 20 sols à distribuer aux pauvres par Pierre Fay.

Le 16 avril, 5 sols après l'anniversaire de Me Jean la Fille, procureur, et Jaquette Pucelle, sa femme.

Les jours de l'Ascension et de la Trinité, 5 sols à distribuer aux pauvres de la paroisse, par damoiselle Louyse Ravault, vefve de Jean Bazin, escuyer, procureur du Roy à Troyes, à l'yssüe des vespres du soir, par elle fondées.

Le 4 décembre, 20 livres, et les quatre bons jours de l'année, 5 livres à distribuer aux pauvres laissés par Me Claude Jacques, prevost de Troyes.

ESTAT DES CHARGES ORDINAIRES DE LA GROSSE RECEPTE DE LA FABRIQUE DE L'EGLISE SAINTE-MARIE-MAGDELEINE DE TROYES, A COMMENCER AU 1 OCTOBRE 1675.

Pour les predications des dimanches, advent et caresme, 100 l.

Pour les predications de l'octave du S.-Sacrement, 30 l.

Pour les predications de l'octave de l'Assomption, 40 l.

Pour le catéchisme le dimanche yssüe des vespres, 50 l.

A MONSIEUR LE CURÉ.

Pour la messe du nom de Jésus, tous les premiers mercredis des mois, 9 l.

Pour la messe de la Croix, tous les premiers vendredis des mois, 9 l.

Pour les festes solennelles de S.-Joseph, la Visitation et la Présentation de la Vierge, 6 l.

Pour la messe du jour de feste S.-Anne, 1 l.

Pour l'assistance aux vespres du soir, au nombre de 61, 30 l. 10 s.

Pour 80 anniversaires, 80 l.

Pour les heures canoniales, vespres et complies, que le dit sieur curé doit faire dire, par son vicaire et ses clercs, tous les jours, 90 l.

Pour le *salve regina* qui se dit tous les jours à 4 heures en hyver et à 5 heures en été, 12 l.

Pour 23 *gaudez*, à 5 sols chacun, 5 l. 15 s.

AUX PRESTRES HABITUEZ, AU NOMBRE DE HUICT, COMPRIS LE VICAIRE PAR GRACE.

Pour l'assistance aux matines tous les jours, heures canoniales, festes et dimanches aux grandes messes, aux messes du nom de Jésus et de la Croix, aux anniversaires et messes haultes qui se disent par chacun jour, yssue des matines, et au *stabat mater* qui se dit à neuf heures, tous les vendredys de Caresme au devant de l'autel N.-D., 50 livres à chascun, 400 l.

Pour l'assistance aux vespres du soir, au nombre de 61, 73 l. 4 s.

Pour l'assistance aux *gaudez*, au nombre de 23, 18 l. 8 s.

Pour la retribution de la première messe, 200 l.

Pour la retribution de la messe Fay.

Pour la retribution de la messe qui se dit entre la grande messe et la dernière messe, 180 l.
Pour la retribution de la dernière messe, 180 l.
Pour les gages du sacristain, 60 l.
Au cirier, 520 l.
Pour le pain blanc qui se distribue aux quatre temps, et pour les michettes le dimanche, 70 l.
En tout, 2364 l. 17 s.

ESTAT DES CHARGES ORDINAIRES DE LA PETITE RECEPTE.

A M. le curé, pour son logement, 90 l.
Aux pretres pour le chevalet sur lequel se pose le reliquaire aux processions du lendemain de Paques, de Pentecote, jour S.-Magdeleine et Assomption de la Vierge, 4 l.
Aux deux enfants de cœur, pour leurs assistances au service divin et fondations, 16 l.
Pour la blanchiture du linge, 40 l.
Pour les gages de celuy qui porte la croix, 12 l.
Pour les gages de celuy qui porte la bannière, 5 l.
Pour les gages de celuy qui assiste le porteur de la bannière et empesche le désordre des enfants aux processions, 1 l. 10 s.
Pour les gages de l'organiste, 80 l.
A l'organiste, au souffleur et aux sonneurs, le jour de la Magdeleine, 2 l. 10 s.
Pour les gages du souffleur et la fourniture de chandelle à l'orgue, et pour l'ayde de celuy qui l'entretient, 28 l.
Pour les gages de celuy qui entretient l'orgue, 15 l.
Pour les gages du sonneur, outre son logement dans une maison de la fabrique, 100 l.
Aux 22 festes solennelles pour les sonneurs, 8 l. 6 s.
Pour le charbon qui s'use dans la sacristie et dans le bureau, 10 l.

Pour les frais des reposoirs au jour de la feste du S.-Sacrement, 20 l.
Pour les frais de l'oratoire du vendredy saint, 3 l.
Pour le pain à chanter, 15 l.
Pour les oublyes du jeudy saint, 15 l.
A ceux qui distribuent les oublyes, 10 l.
Pour les gages de ceux qui distribuent le pain bénit, 1 l. 10 s.
A celuy qui couvre les images pour le Caresme, 1 l.
Au bedeau des hopitaux qui empesche les mendians, les quatre bons jours de l'an et le jour de la Magdeleine, 1 l. 5 s.
Pour les gages du taillandier qui entretient la sonnerie, 24 l.
Pour les gages du bourrelier qui entretient les brays des cloches, 7 l.
Pour l'entretien des cordes des cloches, 20 l.
Pour les gages de l'horloger, 30 l.
Pour les gages du masson qui répare les sepultures, 12 l.
Pour les gages du couvreur qui nettoie l'eglise à Pasques et à la Magdeleine, 10 l.
Pour l'essuy et colation des prédicateurs, 36 l.
Pour les gages de celuy qui fournit l'eau béniste les dimanches, 1 l. 10 s.
Pour les gages de celuy qui remplit d'eau la cuvette les vigiles de Pasques et de Pentecote, 15 s.
Pour celuy qui nettoie les autels le jeudy saint, 10 s.
A celuy qui porte le cierge bénit les vigiles de Pasques et de Pentecote.
Pour l'entretien de la sacristie, 6 l.

DESCRIPTION

DE

SAINTE-MADELEINE,

PAR UN MARGUILLIER.

1718.

I.

Cette église est bastie sur une plateforme, son portail et entrée est dans la rue qui porte le nom de sainte Magdeleine.

L'édifice a trois portaux et entrées : l'un, sur le devant de sa rue, qui est le grand portail; son allée, qui est la nef, fait face au chœur; les deux autres portaux sont de part et d'autre de la croisée qui fait la séparation du chœur et de la nef; l'un a son entrée par le cimetière et l'autre du costé de la rue du Bois.

La nef jusqu'au chœur et la croisée sont d'une mesme hauteur et d'une élévation fort considérable. A l'entrée de la nef du costé du grand portail, à droite et à gauche, sont deux allées de basses voûtes, qui répondent au bout à la dite croisée, séparées par doubles piliers de chaque costé.

II.

Au dessus de la porte et entrée du chœur, vis à vis la nef, est un *jubé* de la largeur du chœur, artistement basty et édiffié de pierre de taille, plastré et architecturé de fleurons et figures à jour et migniature, où il y a des culs

de lampes aussy artistement travaillés de sculpture et
migniature d'une grosseur considérable. A chacun desquels, sur le devant et au dedans du chœur, par le bas,
sont des figures représentant des Saints et Saintes garnis
chacun d'une niche et diadême au dessus. Il y en a aussi
par le millieu du jubé de même égalité que ceux de devant et de derrière. Le tout sans piliers qui soutiennent le
milieu du dit jubé, lequel s'étand en longueur par devant
la nef, au dessus des autels de S{ie} Anne et de S. Antoine,
où il y a plusieurs niches de sculpture et migniature où
sont enfermés plusieurs saints et figures, contient en sa
longueur 36 piedz. Son élévation depuis son pied jusqu'aux
balustres qui sont de part et d'autre, est de 19 piedz. Lesquels balustres sont percés à jour et travaillez de sculptures, de fleurs de lys et trèfles. Au dessus et par devant
celui du costé de la nef, au milieu est un Christ en croix
hautement élevé; à costé sont les images de la Vierge et
S. Jean, un Ange, une boiste de Ste Madeleine, chacun de
part et d'autre, paints et dorés. L'on peut dire que la
construction, édiffice et travail du dict jubé est une mer-
veille admirable incompréhensible.

III.

La dicte église est ornée de plusieurs images de Saints
et de Saintes autour d'icelle et pilliers de sculpture de
pierre et de bois paints, de treize autels et chapelles où
l'on célèbre la messe.

Au milieu de la croisée, entre la nef et le chœur, au
devant du jubé, au dessus des voûtes, est élevé et construit un clocher ou flèche d'une hauteur considérable, où
sont quatre cloches.

Attenant de l'église, du costé du grand portail de la rue
de la Magdeleine, est aussy construit et édiffié une grosse
tour et clocher où sont trois grosses cloches.

La tour est carrée.

Cette église est desservie, régie et gouvernée par un curé, vicaire, deux clercs et habitués, quatre marguilliers, un sacristain, un sonneur, sous-sonneur, organiste, souffleur, garde-pauvres, hallebardeur et autres.

La dicte église est ornée de plusieurs croisées de vistres par le haut, tant autour du chœur, la nef, croisée, que allées, basses voûtes, chapelles et autels, de gros verres et peintures où sont représentés la Passion de N. S. J.-C., son Crucifiement, plusieurs histoires du Nouveau et Ancien Testament, tant en relief qu'en migniatures fort édifiantes et belles.

La sacristie est enceinte et joignante à la chapelle S. Blaise, attenant de laquelle est son entrée. Ses voûtes sont de même élévation que la dite chapelle, répondent et font partie de la chambre du trésor par derrier, au moyen d'une séparation. Elle est partagée et divisée en deux parties : la première en entrant est une forme de chapelle, où il y a un autel et des bancs qui servent de coffres, où s'assissent ordinairement MM. les conseillers du bailliage et présidial de Troyes, a son jour par une croisée de vistres qui répond sur la rue du Bois ; au dessus de la porte et entrée, est une petite sonnette pour avertir lorsque le prêtre sort pour célébrer la messe ; l'autre partie qui est ensuitte, où l'on entre par une petite porte, est le revestiaire où s'habillent les prêtres, où sont de grandes armoires et retables, où sont renfermés les ossements de l'église et la plus grande partie des reliques et argenterie.

IV.

Le chœur se ferme par trois portes ; la grande porte qui est au dessous du jubé et ses balustres sont des barreaux de fer travaillés, les deux autres portes sont de bois et de sculptures.

Il y a vingt-quatre chaires de bois de même mesure.

Au milieu du chœur, où se mettent les choristes, sont

trois placets et marche-pieds de bois, une aigle et son pied de cuivre ayant ses pattes sur une pomme tournante et ses ailes servant de pulpitre.

Au milieu du chœur, au devant du balustre, est une lampe ardente suspendue par les voûtes, qui est de cuivre ou d'argent.

On compte treize autels : 1. L'autel *de la Communion;* au dessus est une grande croisée de vitres où est représentée la *vie de S. Eloi,* et à côté sont deux pareilles vitres à l'une desquelles est représentée la *Création d'Adam et d'Eve,* et à l'autre l'*Arbre de Jessé,* de belles peintures sur verre ; aux piliers, de part et d'autre, sont les images de N.-D. de Pityé, d'un costé et de l'autre S. Eloy. — 2. L'autel S.-Louis, où est la vie du saint sur verre. — 3. L'autel S.-Blaise, après la sacristie, où se mettent ordinairement MM. les avocats. — 4. L'autel S.-Joseph, renfermée dans une chapelle où se mettent les Esleus de Troyes. — 5. L'autel S.-Sébastien, dans la croisée du costé de la rue du Bois, après la chapelle S.-Joseph. — 6. S.-Antoine à costé du jubé, à main gauche en entrant dans le chœur. — 7. L'autel Ste-Anne au dessous du jubé, à main droite en entrant dans le chœur. — 8. L'autel S.-Luppien, dans la croisée attenant le portail du costé du cimetière. — 9. L'autel S.-Thomas, après l'autel S.-Luppien, à main droite à costé du chœur et du cimetière. — 10. L'autel Ste-Barbe, après l'autel S.-Thomas, vis-à-vis la porte et entrée du chœur, attenant du balustre du grand autel. — 11. L'autel S.-Quirin, au bas de l'église, à main gauche en entrant du costé du grand portail. — 12. L'autel Notre-Dame, à costé de l'autel de la Communion, attenant de la petite porte du cimetière. — 13. Le maître-autel, qui est élevé selon une muraille qui va jusqu'aux croisées des vistres qui vont jusqu'aux voûtes, est renfermé par des balustres de bois à pilliers. Pour aller au maître-autel, il y a cinq marches. Sur sa table est un tabernacle, où repose le Saint-Sacrement. Il est construit en forme de tombeau entouré de petits pilliers ; au dessus des balustrades est un petit dosme et un image au dessus représentant la Résurrection de N.-S. sortant du tombeau. A costé, de part et d'autre, sont de petits anges et cupidons, le tout de sculpture de bois doré. Dans le plafond, aux costez, sont des tableaux de migniature peints à l'huille ; au dessus dans son plafond, est un grand tableau où est représenté Notre Seigneur, ses Apôtres, Ste Magdeleine, Marthe et autres figures.

Dans l'enceinte des chapelles on compte six confessionaux.

V.

Attenant des fonts, sont des coffres et grandes armoires de bois où sont enfermées les bannières qui sont de damas et velours : l'une d'icelle peinte et dorée, et l'autre relevée de fleurons, où sont représentés Jésus et sainte Magdeleine.

L'église est ornée de plusieurs autres tapisseries de hautes lisses, où sont représentées plusieurs figures du Nouveau et de l'Ancien Testament, que l'on tend ordinairement au chœur, croisée et nef.

Le cimetière a son entrée attenant de la tour du costé de la rue Sainte-Magdeleine, où il y a l'image qui est couchée en long, et au dessus de la dite porte de sculpture de pierre.

En entrant à main droite, sont des charniers et bastiments de charpente à jour, couverts de tuilles, où sont les ossements de ceux qui sont inhumez dans l'église et cimetière qui se trouvent lors des enterrements, et ensuitte est une petite porte de la maison presbitérale attenant du portail par où l'on entre à l'église, qui est attenant de la tour ; à main droite, est le tombeau de N. S., où il est représenté, la sainte Vierge, sainte Marie Magdeleine, Marie

Marthe, Joseph d'Arimathie : le tout de sculpture de pierre.

Au milieu du cimetière, est une grande croix et son pied de pierre, et une tombe où est la sépulture de.....

La chambre du prédicateur de l'église Ste Marie-Magdeleine a son entrée par le cimetière, du costé de la porte de la rue du Bois, par un petit escalier qui va dans la dicte chambre, est jointe et fait partie de la maison où demeure le sonneur, qui est dans l'enclos de la Magdelaine. La chambre est meublée d'une pèlle et pincette de fer, de deux chenetz de fer, d'une petite table de bois de noyer, avec son tapis façon de Turquie, de six chaises, et deux fauteuils de bois de noyer, couverts de vieille tapisserie à fleurs et tout vert, d'une paire d'armoire de bois de noyer, d'un rideau de toille de cotton blanc, d'un chaslit de bois de noyer.... (1).

---

(1) *Archives de l'Aube*, liasse 78, carton 60.

RELIQUES

DONNÉES A SAINTE-MADELEINE

Par Honoré DE MAUROY.

1595-1618.

Honoré de Mauroy, seigneur de Verrières, Bâtilly et Saint-Martin-sur-Seine, exerçait, en 1595, les fonctions de trésorier-général dans le beau pays de Provence. Fils de Jacques de Mauroy et de Nicole le Tartrier, il n'oublia point la paroisse de ses aïeux. Touchés des bons services qu'il leur avait rendus, les moines de Saint-Maximin, gardiens du corps de sainte Madeleine, lui donnèrent, le 25 avril 1595, quelques-uns des cheveux de la bienheureuse. Le sieur de Mauroy se proposait de les porter lui-même à Troyes, mais le malheur des temps ne lui permit point *de faire un voyage au pays.* Il se décida donc, en 1617, à charger sa sœur Anne, épouse de Pierre Regnault, prévôt de Troyes, du soin de les offrir au curé et aux marguilliers de Sainte-Madeleine. Il lui écrit, le 26 juin, qu'il a souvent visité *le rocher et couvent où saincte Magdeleine a faict sa pénitence;* qu'il a reçu des religieux quelques-uns *des cheveux miraculeusement conservez,* et qu'il les offre à Monsieur le curé de Sainte-Madeleine de Troyes, *après avoir fait faire un reliquaire de cinquante livres.* Quelques jours après, il remet les reliques au père Corradin, qui venait *reprendre sa place aux Cordeliers* de Troyes. Le 20 juillet 1617, à neuf heures du matin, les marguilliers de Sainte-Madeleine *s'adressent à Claude*

Vestier, *prestre baschelier en la saincte et sacrée théologie, doyen et chanoine de l'église de Troyes,* pour qu'il lui plaise de dresser procès-verbal. Claude Vestier se rend au couvent des Cordeliers, assisté de M. Eustache Doccy, notaire apostolique, examine les *certificats*, convoque les religieux et fait allumer des cierges et des flambeaux. Là, en présence des religieux et de plusieurs nobles personnes, le vénérable doyen *distraict* une petite partie des cheveux pour le dit sieur de Mauroy, qui doit les donner à une église, et laisse *ès mains dudict Corradin* celle qui est réservée à Sainte-Madeleine de Troyes. Le 12 octobre 1617, le curé de la Madeleine, accompagné des marguilliers, prie Messieurs les vénérables de l'église de Troyes d'assister à la procession *qu'ils ont avisez de faire faire pour aller prendre et faire porter les dictz cheveulx.* Le dimanche 15 octobre, les reliques sont portées processionnellement à Sainte-Madeleine et mises dans un *cristal estant sur un pied d'argent doré en forme de croix. Le cristal est fermé par les deux boutz, les clouds servans à la dicte fermeture sont rivez par Jacques Domino, orfebvre de Troyes.*

Les marguilliers de Sainte-Madeleine chargent Monsieur le curé de raconter au sieur de Mauroy les belles cérémonies de la réception de la relique. Le pieux trésorier leur écrit le 31 mars 1618, pour les remercier *et se répute tousiours l'ung des paroissiens* de leur église, parce qu'il y a *prins sa naissance et son baptesme.*

L'inventaire des reliques de la Madeleine, du 6 octobre 1702, décrit ainsi le reliquaire donné par Honoré de Mauroy :

« 7. Un cristail rond enchassé en argent doré, au hault
» duquel il y a un image de Ste Marie Magdelaine d'argent
» doré, avec un pied d'argent doré, dans lequel cristail
» sont les cheveux de sainte Marie Magdelaine. »

Ce reliquaire n'est plus à Sainte-Madeleine ; les détails suffisants me manquent pour affirmer qu'il figurait parmi les pièces d'argenterie provenant de Saint-Remi et de Sainte-Madeleine et pesant 109 marcs 7 onces 4 gros, envoyés à Paris le 21 novembre 1792 (1).

L'église de Villemaur possède un magnifique reliquaire en argent, supporté par quatre petits lions et exécuté au XVIᵉ siècle. Dans un cercle, à travers un cristal, on voit la relique avec cette incription :

De capillis beate Marie Magdelene.

---

(1) *Mémoires de la Société Académique de l'Aube*, année 1851, pag. 7. — *Archives de l'Aube*, carton 60. — *Voyage archéologique et pittoresque dans le département de l'Aube*, par Arnaud, 1837, page 210.

LISTE

DES CURÉS DE SAINT-REMI

ET

De ses deux succursales Sainte-Madeleine et Saint-Frobert (1).

XIVᵉ SIÈCLE.

Bertrand BASTARD, 1318.
Pierre OYN, 1372.
Pierre DES CHAPELLES.
Jehan DE CHAMPIGNY, 1399.

XVᵉ SIÈCLE.

Erard DE VITEL, 1409.
Pierre CARDINELLI, 1412.
Estienne DES PREZ, 1414.
Nicole LE BOURGOIN, 1416.
Jehan DE LA VIGNE, 1419.
Jehan CLINÉ, 1450.
Jehan CALLOT, 1472.
Jehan COLINE, 1495.
Michel BAÏLE, 1520.

XVIᵉ SIÈCLE.

Jehan GOMBAULT, 1532.
Hugues MARMIER, 1535.
Jehan ROYER, 1569.
Yves LE TARTIER, 1575.

---

(1) L'église Saint-Remi était desservie dès le XIᵉ siècle par les chanoines de la cathédrale. Gui, huitième doyen de Saint-Pierre, y attacha des revenus en 1256, et y fonda la chapelle de Saint-Jean-Baptiste.

Jehan Dubut, 1583.
Jacques Dumay, 1585.
Jehan Petit, 1589.

XVIIe SIÈCLE.

Denis Latrecey, docteur en théologie, 1604.
Pierre Boutard, 1632.
Joseph Morice, 1654.
Thomas Martin, bachelier en théologie, 1672.
Louis Paillot, 1681.
Louis Lefebvre, bachelier en théologie, 1700.

XVIIIe SIÈCLE.

Jean Leroux, 1731.
Zacharie Simonnot, 1750.
Jean-François Dubois, 1753 (1).

XIXe SIÈCLE.

Curés de l'église Sainte-Madeleine, érigée en cure de première classe, par décret du 3 septembre 1802.

Louis-Charles Lalauze 1803.
Jean-Antoine Emé, 1807.
Nicolas-François Cortier, 1817.
Antoine-Barnabé Blin, 1831.
Léonard Marion, 1844.
Pierre-Alexis Dollat, 1850 (2).

---

(1) J'espère compléter la liste des curés de Saint-Remi et publier celle des curés de chaque paroisse de Troyes, dans un ouvrage qui paraîtra dans quelques mois, en douze livraisons, sous ce titre : *Les Églises de Troyes et de ses environs*. Je recevrai avec reconnaissance tous les documents relatifs à cette importante publication.

(2) Cette liste ne se trouve dans aucun des registres conservés aux archives. Pour la dresser, je me suis aidé de mes notes et des nombreuses pièces relatives aux églises, dont j'avais entrepris la *monographie*.

TABLE DES MATIÈRES.

Avertissement.	7
Comptes de la fabrique de l'église Sainte-Madeleine de Troyes, 1411-1430.	9
Idem 1502-1520.	20
Estat de quelques choses faites en la dicte eglise comme l'on trouve par les comptes de la fabrique d'icelle.	29
Construction du jubé	35
Extrait des comptes de la fabrique de l'église Sainte-Madeleine, servant de pièces justificatives	37
Consécration des autels, 27 et 28 juin 1519	49
Pièce justificative. — Acte de la consécration.	50
Inventaire des reliquaires, des joyaux, des livres et des ornements du trésor de l'église S. Madeleine, 1595	53
Fondation de l'office divin, des messes hautes, des messes basses, anniversaires, vêpres du soir, *Gaude,* prédications et aumônes dans l'église paroissiale sainte Marie-Madeleine, 1676	63
Description de Sainte-Madeleine par un marguillier. 1718.	85
Reliques données à Sainte-Madeleine par Honoré de Mauroy, 1595-1618.	91
Liste des curés de Saint-Remi et de ses deux succursales Sainte-Madeleine et Saint-Frobert	94

IMP. BOUQUOT. — TROYES.

www.ingramcontent.com/pod-product-compliance
Lightning Source LLC
LaVergne TN
LVHW050633090426
835512LV00007B/824